ESQUISSE HISTORIQUE

DU

CLOITRE NOTRE-DAME

DE CHARTRES,

Par Ad. LECOCQ.

« Les âges minent, les hommes renversent. »
(*Génie du Christ.*, liv. V, chap. III.)

CHARTRES.
IMPRIMERIE DE GARNIER.
—
1857.

ESQUISSE HISTORIQUE

DU

CLOITRE NOTRE-DAME

DE CHARTRES,

Par Ad. LECOCQ.

« Les âges minent, les hommes renversent. »
(*Génie du Christ.*, liv. V, chap. III.)

CHARTRES.
IMPRIMERIE DE GARNIER.
1857.

Tiré à 50 exemplaires :
43 sur papier blanc,
7 sur papier de couleur.

———

Exemplaire tiré pour la Bibliothèque de M.

ESQUISSE HISTORIQUE

DU

CLOITRE NOTRE-DAME DE CHARTRES.

I.

DES CLOITRES EN GÉNÉRAL.

Entreprendre l'historique du cloître de Notre-Dame de Chartres, c'est vouloir faire l'histoire de la ville elle-même; cela doit paraître bien ambitieux; aussi dirons-nous au lecteur bénévole que c'est une simple esquisse que nous voulons tracer. Notre ville ne manque pas d'historiens, car depuis Est. Prévost et Duparc qui sont des premiers, jusqu'à ce jour, le nombre en est grand. Mais ils ne nous ont pas fait connaître : 1º son histoire monumentale ; 2º l'historique étymologique des rues ou *pavé du Roy;* 3º enfin de nombreux faits locaux et anecdotiques mis en oubli, lesquels cependant doivent être relatés pour les générations futures. Ce sont des récits intéressants comme études de mœurs, car combien de faits curieux ou naïfs dans les journaux chartrains du sergent-royal *Jehan Bouvart,* du notaire *Félix Levillain,* du maître de musique *Jean Jouet* et dans les nombreuses notes des chanceliers de l'église de Chartres, *Guillaume Laisné, Cl. Estienne, Brillon,* etc., etc.

Vouloir décrire les édifices du cloître et les maisons canoniales qu'il renfermait, c'est entreprendre aussi le récit des mœurs du clergé au Moyen-Age. Nous devons nous récuser tout d'abord pour une pareille tâche. Un érudit vient de terminer l'histoire civile de notre cité [1], il nous restera encore à attendre qu'un travailleur savant et consciencieux veuille bien se charger d'écrire une histoire complète et impartiale du Chapitre de l'église Notre-Dame de Chartres. C'est une œuvre immense, mais la seule qui pourra combler les lacunes existantes et rétablir des faits erronés.

Pour nous, nous essaierons seulement d'esquisser l'historique de ce cloître, nous rappellerons brièvement les vicissitudes qu'eurent à souffrir et le clergé et les habitants de la ville; taquineries et violences de part et d'autre, qui durèrent depuis l'origine de sa clôture jusqu'au moment où la Révolution vint renverser le culte et son clergé.

Le Chapitre de l'église de Chartres était nombreux et riche, mais ses chanoines n'étaient pas obligés, comme ceux de Lyon ou de Strasbourg, de faire preuve de noblesse. La chronique dit que si saint Aventin fut le premier évêque du diocèse de Chartres, ce fut saint Lubin, dix-septième évêque, qui créa au VIe siècle des chanoines dans son église, et qu'ils étaient alors chanoines réguliers, c'est-à-dire qu'ils vivaient en communauté [2]. Au Moyen-Age, les clercs mêmes de différentes églises mettaient en commun leurs revenus personnels et ensuite se les partageaient : les chanoines alors vivaient sous la direction de leur évêque et habitaient dans un même endroit, voisin de leur église; aussi beaucoup de ces monuments du Moyen-Age étaient-ils accompagnés d'un cloître : on peut citer les cathédrales d'Arles, Aix, Bayonne, Luçon, Noyon, Le Puy, Verdun et beaucoup d'autres qui possèdent encore leur ancien cloître : c'est par ce motif que les quartiers voisins des églises cathédrales ou même des collégiales, ont retenu le nom de *cloîtres*. Comme dans le principe les chanoines étaient soumis à une règle monastique, l'emplace-

---

[1] *Histoire de Chartres*, par M. de Lépinois, 2 vol. in-8°; fig. (Chartres, Garnier, 1852-1857.)

[2] Un évêque de Metz, Chrodegrand, engagea en 760 son clergé à former une communauté sous une règle uniforme, *vita canonica*; leurs membres prirent le nom de *canonici cathedrales*. Les règlements publiés par Chrodegrand furent reçus et adoptés par la plupart des chapitres. Ce n'est qu'au XIe siècle que les corporations canoniales s'affranchirent du joug de la vie commune. (D. Ramée, *Hist. de l'Architecture*, tome II, p. 108.)

ment de leurs habitations était bien choisi pour leur permettre d'assister commodément aux offices.

Suivant la chronique des évêques de Chartres, les chanoines auraient vécu en communauté de biens avec leur évêque jusqu'en l'an 997. Eudes voulant se décharger d'une partie du soin de son diocèse, et désirant gouverner seul le surplus sans la participation de son Chapitre, aurait, d'accord avec les chanoines, fait le partage du spirituel et du temporel [1]. Avant ce temps ils auraient habité ensemble un vaste logis appelé le Palais : les derniers vestiges de la grande salle et du réfectoire de cet hôtel ont disparu vers la fin du XVIIIe siècle [2].

Comme nous l'avons dit ci-dessus, les biens de chaque église restaient en commun : l'évêque vivait avec ses prêtres, et l'excédant du revenu était ensuite distribué aux pauvres. Mais dans la suite des siècles la pureté des mœurs s'altéra, l'égoïsme commença à pénétrer dans le clergé, ses membres voulurent gérer eux-mêmes leur quote-part, et souvent les partages s'opéraient ainsi pour le revenu : un quart était attribué à l'évêque, un autre quart au clergé, le troisième, à l'entretien des temples, et le dernier était la portion des pauvres ; le produit seul était alors partagé, les domaines ne l'étaient pas encore, mais ils ne tardèrent pas à l'être. Le clergé spécial des évêques (les chanoines) conserva plus longtemps la vie en commun. Quand le partage des biens de l'église de Chartres fut fait entre l'évêque et ses chanoines, ces derniers divisèrent leur lot en quatre portions, qui furent administrées par quatre officiers, revêtus du titre de prévôts ; dans la suite des temps, ces officiers abusèrent de leur autorité dans la gestion des biens et revenus, et par un acte passé au mois d'octobre 1193, sous l'autorité du pape Célestin III, l'administration des biens fut restituée à chacun des chanoines : la justice spirituelle et temporelle fut dès-lors rendue en leur nom ; on fit l'estimation des prébendes, et en l'année 1196 les prévôts cessèrent leur gestion.

---

[1] Requeste du Chapitre de Chartres contre M. Godet des Marais, évêque, en 1700.

[2] Ce local était situé pour une partie rue de la Volaille, dans les maisons nos 1 et 2, et place Marceau nos 4, 5, 6, 7, 8 et 9. Ce lieu était de la censive de l'évêque. C'est dans ce logis qu'Henri IV fit tenir un prêche à la suite de la reddition de la ville en 1591. Ce lieu a été souvent désigné sous le nom de *Palais des Noces*, parce qu'il servait parfois à cet usage.

II.

LE CLOITRE NOTRE-DAME DE CHARTRES.

Au moment où les chanoines transférèrent leur habitation de l'ancien *Palais des Noces* dans l'emplacement actuel du cloître, ils n'y possédaient que quelques maisons devant la porte royale ainsi que vers la partie nord. Ces dernières étaient les habitations des employés de l'église et des serviteurs des chanoines. L'évêque possédait un logis [1] et un vaste terrain au chevet de l'église; il en donna une portion pour former l'habitation de son vidame. Au reste, pour toute la partie de ce récit antérieure au XIe siècle, nous ne faisons que suivre la tradition; on ne connaît aucune pièce sur ces faits, car les chanoines, dans leur requête contre l'évêque Paul Godet, avouent que l'incendie de 1020, qui réduisit en cendres leur église, consuma également leurs archives qui y étaient alors renfermées.

L'opinion commune veut que ce soit seulement au commencement du XIe siècle que les chanoines vinrent habiter le cloître actuel; mais suivant une sentence du bailli de Chartres du 24 janvier 1409-1410, rendue en faveur des religieux de l'abbaye de Saint-Père-en-Vallée [2], il semble que ceux-ci aient également habité le cloître dès son origine, car il est dit: « Que la-
» ditte abbaye de Saint-Père estoit de moult notable et ancienne
» fondacion, et comme trouvé estoit par chroniques ou aultre-
» ment, estoit des premières fondées de laditte ville et du pays
» chartrain; tellement que du commencement, ilz tindrent leur
» lieu en la mère église d'icelle ville, fondée de Nostre Dame, et
» moult longtemps y firent le service divin d'un des coustés de
» laditte église, et les chanoines de l'aultre; qu'en signe ou dé-
» monstrance de ce, comme partiz de la même mère esglize, ilz
» avoient et prenoient en icelle six prébendes par chascun an,

---

[1] Il semble probable que dans les premiers siècles les évêques ne résidaient pas dans les villes et que ce ne fut qu'à la fin du Ve siècle qu'ils y fixèrent leur résidence, car le concile de Carthage, tenu en 398, dit que l'évêque aura *son petit logis* près de l'église. (*Hist. Ecclésiast.*)

[2] Pour la maison du *four du Croc*, située rue du Cheval-Blanc, n° 25. (Arch. départ., II 7/58.)

» et aussi aultres choses ; anciennement avoient avec lesdits
» chanoines, comme frères, prins, par manière de partaige et
» division, des possessions et héritaiges de la dite esglise, et en
» tenoient pour la graigneur partie de leurs héritaiges mêlez
» avec les héritaiges de ladicte esglise et ceulx de l'évesché. »

Sous l'épiscopat de Fulbert, le meurtre d'Everard, sous-doyen, arrivé dans le cloître au moment où il se rendait à matines à l'heure de minuit, servit de prétexte aux chanoines pour demander que leur cloître fût fermé de portes et murailles. Le comte de Chartres et les habitants, voyant en cela un empiétement sur leurs droits, protestèrent contre les prétentions du clergé ; mais celui-ci commença, malgré les menaces et la rumeur publique, à enclore la partie vers le nord, et fit successivement l'acquisition de maisons se joignant les unes les autres, de manière à circonscrire une étendue suffisante pour le logement du plus grand nombre des chanoines. Dans la suite, des murailles solides et des portes furent édifiées, mais l'acquisition totale du cloître ne fut terminée qu'au milieu du XIVe siècle.

L'historien chartrain Duparc [1] dit : « Se servans des maisons
» comme de murailles en enceinte du cloistre, et és endroitz
» où il n'y avoit maisons ny murailles à eulx appartenans
» y feirent bastir grosses et fortes murailles [2], de sorte qu'il
» ne restoit que des portes aux advenues et entrées d'icelluy
» cloistre ; voullants faire lesquelles, ilz en furent empêchez
» tant par le comte de Chartres ou ses officiers que par les habitans de la ville, qui tous ensemble ne trouvèrent bon la
» fermeture dudict cloistre en la grandeur qu'ilz le voyoient,
» d'autant qu'aux temps antiens il estoit de petite estendue, n'y
» ayant en icelluy que quatre maisons, qui s'appelloient les quatre prévostez, ésquelles demeuroient tous les chanoines qui y
» vivoient tous en commun en chacune prévosté, ainsi que
» l'antiquité desdictes quatre maisons le démonstre, veu les
» contractz d'acquetz que j'ai veuz des autres maisons dudict
» cloistre qui ont été acquises pour le chappitre, des habitans
» de la ville... pour composer leur cloistre ; et feirent construire
» plusieurs rues de fort grand estendue, si que la closture et

---

[1] *Histoire Chartraine*, par Duparc, fol. 116 ; mss. de la Bibl. de Chartres.
[2] Acte capitulaire du mois d'octobre 1299, qui constate que Jean Sequence, chanoine, donne vingt livres pour la perfection des murs du cloître.

» fermeture estant faicte, c'estoit une ville dedans une autre
» ville. »

En 1210, les habitants de Chartres, excités par les officiers de la comtesse de Chartres Catherine, se transportèrent au logis de Me Guillaume, doyen du Chapitre, sis au cloître, sous prétexte de venger une injure qu'un des serviteurs du doyen avait faite à un justiciable de la comtesse : une sédition eut lieu; chacun prit les armes et se rendit à la maison du doyen, qui fut entièrement pillée, et Guillaume fut obligé, ainsi que ses serviteurs, de se sauver de son logis pour éviter tout conflit.

Le Chapitre, gravement offensé par cet acte de pillage, fit cesser immédiatement le service du culte dans la cathédrale, et enjoignit aux curés de la ville et banlieue de dire seulement une messe basse à certains jours de la semaine. Les doyen et chanoines donnèrent en même temps avis au roi Philippe-Auguste de l'acte de brutalité et de violence dont ils venaient d'être victimes, et que l'immunité de leur cloître avait été violée. Le roi vint exprès à Chartres pour prendre connaissance des faits et rendre justice; trois de ses officiers firent l'instruction, et le roi rendit une sentence qui condamna le maréchal et le prévôt de la comtesse à avouer dans l'église cathédrale leurs torts envers les doyen et chapitre, et à payer les dégâts occasionnés par la sédition provenant de leurs faits. L'évêque Renaud de Mouçon, en ce moment à la guerre contre les Albigeois, à son retour, informa des faits qui s'étaient passés en son absence : il trouva la peine trop douce pour un outrage aussi grave; il alla trouver le roi, accompagné du doyen et de quelques chanoines, fit valoir la trop grande indulgence du jugement rendu, et obtint une nouvelle sentence, qui aggrava beaucoup la peine [1].

Divers conflits eurent lieu depuis l'année 1250 jusqu'en 1253, où, dans une rixe entre les bourgeois et des serviteurs de l'église cathédrale, deux de ces derniers furent tués. Là, les chanoines se divisèrent en deux camps, puisque quelques-uns prirent sous leur protection les bourgeois compromis et les retinrent chez eux comme leurs commensaux ou *avoués*. Renaud de l'Epine, chantre de l'église, voulut que justice fût faite

---

[1] Tous les historiens qui ont écrit sur l'histoire de Chartres, tels que Doyen, Chevard, de Lépinois, ont donné un récit très-détaillé de cet événement. On peut voir également à l'année 1215 un autre acte d'agression de la part des officiers du comte.

et reprocha amèrement à Hugues de Chavernay, l'un des chanoines protecteurs, de mettre à couvert les coupables; celui-ci s'offensa des paroles injurieuses et menaçantes de Renaud, il le fit guetter par Colin de Chavernay, son frère, et deux autres assassins, qui le tuèrent lorsqu'il entrait à l'église pour assister à matines. Nous croyons devoir passer rapidement sur des faits qui se trouvent *in extenso* chez tous les historiens chartrains. Dans tous ces conflits, c'est toujours le même mobile qui fait agir; c'est la liberté du cloître que veulent les habitants, tandis que le Chapitre excipe de ses droits et priviléges. Lorsque des faits ou violences contre les droits du Chapitre se produisent, l'interdit et l'excommunication sont aussitôt lancés sur la ville et sa banlieue, et quand ce moyen est insuffisant pour rappeler les habitants à leur devoir, c'est l'autorité royale qui formule la sentence ou temporise afin de calmer les citoyens, mécontents des vexations qu'ils ont à subir.

Pour le crime commis sur Renaud de l'Epine, la sentence fut rendue contre les coupables par Gilon, archevêque de Sens et ses suffragants. Le Chapitre, pendant près de quatre ans, s'était retiré à Mantes et à Etampes; il revint en 1257 habiter son cloître, après avoir obtenu du pape Innocent IV, en 1253, l'autorisation de dire les matines à cinq heures du matin au lieu de minuit, ayant mis pour motif à leur demande les crimes commis sur Everard et Renaud, leurs collègues, en se rendant à cet office.

Il fut ensuite conseillé au Chapitre, pour éviter toutes discussions et conflits à l'avenir, d'acheter du comte de Chartres, Jean de Châtillon, le droit de clôture; les chanoines s'y décidèrent difficilement, croyant ne pas avoir à payer un droit qu'ils disaient leur appartenir. Enfin, voyant l'obstination du comte sur ce sujet, ils se résignèrent, et Jean de Châtillon acquiesça à la demande qui lui était faite, moyennant 1,000 livres une fois payées, et une rente perpétuelle de 20 livres par an. Un acte du mois de mars 1256, sous forme de transaction, autorisa le Chapitre à fermer entièrement le cloître, toutefois sous les conditions que « dans la clôture et fermeture de leur cloître de
» Chartres, ou dans les portes et portails dudit cloître, dans
» lesquelles clôture, portes et portails ils feront ou pourront
» faire des créneaux d'une hauteur moyenne, ils ne feront
» pas, ni ne pourront faire aucune tour ou archière ou arba-

« létrière ¹, ni rien autre chose qui puisse devenir une forte-
» resse ². »

La mise à exécution de cette transaction souleva de grandes difficultés : un certain nombre de laïcs avaient des maisons dans l'enceinte du cloître projeté; car, ainsi que nous l'avons dit, ce ne fut qu'à la fin du XIVᵉ siècle que la totalité des maisons appartint au Chapitre. Le vidame de Chartres, Mathieu, qui avait son domicile joignant le bâtiment de l'évêché et près la chapelle Saint-Etienne, ne voulut pas se soumettre à cet arrangement du comte, qui le privait de la liberté et usage d'une porte de son hôtel; il forma opposition, la cause fut portée devant le roi ³, et il fut décidé que les chanoines ayant obtenu le droit de clôture suivant des limites déterminées, il n'appartenait qu'au Chapitre d'avoir des ouvertures à l'extérieur, dans les bâtiments du cloître. Mais pendant que les chanoines faisaient édifier les portes et murailles, le peuple entravait les travaux et même construisait des contre-portes devant celles du cloître. Enfin, pour terminer toutes ces difficultés, le roi envoya à Chartres Guillaume de Centignonville, chevalier, et Simon de Sépère, chanoine de Noyon, comme commissaires, pour régler et accorder les différends du Chapitre et des habitants. Ces derniers obtinrent que les chanoines « feussent tenuz faire mectre et entretenir en l'un
» des clochers de leur église ou autre lieu éminent d'icelluy, une
» horloge qui peust servir pour toutte la ville avec le tymbre
» ou cloche à l'équipolent qui serviroit aussi de cloche du guet,
» et que pour faire le guet ilz entretiendroient hommes pour
» sonner ladicte cloche, feust pour le feu ou autre occasion, ce
» qui fut ordonné et s'observe encore aujourd'huy ⁴. »

---

¹ Trous pratiqués dans les murs d'une forteresse pour tirer des flèches aux ennemis. (Glossaire de Roquefort.)

² « Concesserunt quod ipsi in clausura seu firmatura claustri sui Carnotensis,
» sive in portis et portallis ejusdem claustri, in quibus clausura et portis seu
» portallis querenellos altitudinis moderate facient seu facere poterunt, turres
» aliquas seu archerias vel balisterias, non facient nec facere poterunt, nec ali-
» quod aliud quod ad fortelicium se extendat. » (Arch. d'Eure-et-Loir; Chapitre, mars 1256.) — M. de Lépinois, dans son *Histoire de Chartres*, t. I, p. 112, a donné une citation tronquée de cet acte, faussant ainsi l'interprétation des clauses de cette transaction.

³ Ratification d'une sentence arbitrale rendue entre le Chapitre et le Vidame, par laquelle celui-ci consent à supprimer toutes les entrées de sa maison hors le cloître en 1258. (Arch. d'Eure-et-Loir; Chapitre.)

⁴ Mss. de Duparc, fol. 118.

En 1294, Charles de Valois, comte de Chartres, et Marguerite de Sicile, son épouse, firent une transaction avec le Chapitre, par laquelle il fut consenti que tous ceux qui habiteraient les maisons canoniales du cloître seraient justiciables du juge temporel du Chapitre : mais ce ne fut réellement que le lundi après la Saint-Mathieu 1306 que Jehan de Chivri, ancien évêque de Carcassonne, rédigea à Pontoise, au nom de Charles de Valois et de Catherine, sa seconde femme, et du Chapitre de Chartres, une composition ou traité de paix explicite, concernant les droits de justice des parties pour l'extradition réciproque des criminels; il y est dit :

« *Item*. Il est déclairé que la justice du cloistre de l'église de
» Chartres et des maisons et des habitans ou dict cloistre ap-
» partiennent du tout à l'Eglise et sont frans et hors de toute la
» justice le Conte.

« *Item*. Il est acordé que le Chapitre aura vint et six mai-
» sons canoniaus, en la ville de Chartres, hors du cloistre,
» franches et délivrés de toute justice du Conte, etc. [1] »

Ce document fort intéressant est le corollaire de tous les actes émanés de nos comtes, concernant la justice temporelle du Chapitre, actes que chaque partie a souvent cherché à éluder ou à violer.

Nous trouvons encore qu'en 1319 quelques bourgeois et bouchers de Chartres commirent des violences dans la maison du Chambrier, sise au cloître : le Chapitre fit arrêter et punir les coupables, et prit de là occasion de restreindre la liberté du cloître et de faire un réglement pour l'ouverture et la fermeture de ses portes. En 1347, *Josias Behueti*, prévôt d'Ingré, pour excès et violences commises par lui dans le cloître, fut condamné en une amende de 30 marcs d'argent, dont on fit le buste du chef de sainte Anne.

Pendant toute la fin du XIVe siècle et le commencement du XVe, le cloître n'était pas fermé; mais les guerres civiles s'étant calmées, le Chapitre voulut reprendre son droit de clôture en faisant rependre les portes. « Le Baillif et Capitaine qui lors
» estoient ne furent pas contens, mais de fait et de force les dé-
» pendirent et mirent au travers du chemin. » Sur les plaintes

---

[1] Cet acte fort curieux, quoique plusieurs fois réimprimé, est assez rare. M. de Lépinois, dans son *Histoire de Chartres*, t. I, p. 529, l'a reproduit en entier.

réitérées des chanoines, le roi Charles VII, par ses lettres-patentes de 1451, ordonna que les portes seraient pendues et fermées.

En l'année 1469 se rencontre un document fort curieux dont aucun de nos historiens n'a fait mention. C'est un procès-verbal dressé par ordre de Louis XI, par trois commissaires délégués à cet effet [1], pour juger et réglementer les droits des chanoines, et ceux des habitants dans le cloître. Nous exposerons tout au long les dires des uns et des autres et la sentence rendue à ce sujet. Les commissaires mirent vingt jours pour faire l'enquête et dresser acte.

De la part des Doyen et chanoines est dit :

« Que l'église de Chartres est une très noble église quatédral,
» de grant et ancienne fondacion, fondée en l'onneur de la
» Vierge qui devoit enfanter, douée de grans et notables previl-
» léges, franchises et libertés, et entre les autres, que de tout
» temps et d'ancienneté, et par previllége et octroy des Roys
» et Contes de Chartres, ilz avoient droit et estoient et sont en
» bonne possession et saisine de clorre les portes du cloistre de
» leur église, de nuyt, c'est assavoir à dix heures au soir, pour
» la conservacion des joiaulx et beaulx reliquaires de ladicte
» église et seureté de leurs personnes, et d'icelles ouvrir ou
» faire ouvrir au matin au second cop de matines, qui est à
» quatre ou cinq heures du matin, affin que tout le long du
» jour chacun puisse aler et venir à ladicte église, et de avoir
» deux portiers à leurs gaiges qui couchent de nuyt aux deux
» portaulx de la croysée de ladicte église, en deux logectes qui
» y sont de tout temps, et d'avoir semblablement droit de toute
» juridicion dedans leur dit cloistre : disoient oultre que non
» obstant leur dit droit et possessions dessusditz ils avoient
» acoustumé de lesser les portes dudict cloistre ouvertes jour et
» nuyt durant le temps que le Roy ou autre seigneurie se te-
» noient en ladite ville, ou que il y a guerres ou divisions au
» païs pour y aler et venir, passer et repasser à toute heure,
» combien comme que ledit cloistre, comme ilz disoient, soit
» situé et assis au milieu de ladicte ville, par quoy on peut aler
» et venir par tous les quartiers de ladicte ville, sans ce que la

---

[1] Voici les noms de ces envoyés : Jehan de Poupincourt, conseiller et président en la Chambre des Comptes du Roi, Guillaume Allegrin, conseiller en la Cour du Parlement, et Guillaume de Coursillon, conseiller et chambellan du Roi et Bailli de Chartres.

» fermeture dudit cloistre empesche aucunement : disoient aussi
» lesdiz Doyen et Chapitre que pour pourveoir aux inconvénians
» qui peuent advenir tant audit cloistre comme à ladicte ville,
» soit de feu, sédicion ou autre bruit, il ont acoustumé d'avoir
» et tenir à leurs despens au clocher de plonc [1] de leur dicte
» église, ung guet, lequel oudict cas sonne une cloche acoustu-
» mée ; et incontinent les portiers ouvrent les portes dudict
» cloistre, à ce que au moyen de la closture et fermeture d'ice-
» lui on ne soit empesché en aucune manière et que ung cha-
» cun puisse avoir accez aux siternes qui sont dedans l'enclo-
» ture dudit cloistre : disoient oultre que ja soit ce que desditz
» droitz, possessions et saisines ils aient joy, comme dit est, tant
» par eulx que leurs prédécesseurs, par dix, vingt, quarante,
» cent ans et plus, et par tel temps qu'il n'est mémoire du con-
» traire, et par les derrenières années et derreniers exploix pu-
» blicquement et notoirement, au veu et sceu de tous ceulx qui
» l'ont voulcu veoir et savoir, sans contredit ou empeschement,
» ce non obstant, le vint septiesme jour de novembre en ce
» présent an mil cccc soixante neuf, Arcules Brosset et Adenet
» de Montescot, eux disant procureurs et entremecteux des be-
» songnes et negosses de ladicte ville, acompaignés de plusieurs
» gens mécaniques en grant nombre, ont par force, violance et
» voye de fait rompu, osté et arraché le pavé dudit cloistre [2] es-
» tant audevant des portes d'icelluy, et l'ont gecté et mis en
» monceaulx à l'encontre des portes dudit cloistre pour empes-
» cher la fermeture d'icelles, en disant publicquement que se
» lesditz de Chappitre les fermoient ou faisoient fermer on ver-
» roit lequel seroit le plus fort, et que de fait ilz commirent
» gens armés pour garder la fermeture desdictes portes et firent
» mectre barrières et lisses de boys devant lesdictes portes ad
» ce que on n'entrast oudit cloistre; et ja soit ce que lesditz
» doyen et chappitre feissent remonstrer par leur maire et offi-
» ciers ausditz procureurs et autres habitans qui aussi arra-
» choient ledict pavé, qu'ils ne faisoient pas bien et qu'il estoient
» en la justice haulte, moienne et basse desditz doyen et chap-

---

[1] C'est celui que l'on désigne sous le nom de Clocher-Neuf; il fut construit en pierre après l'incendie de celui de plomb arrivé en 1506.

[2] M. de Lépinois, dans son *Histoire de Chartres*, t. I, p. 472, dit que le cloître Notre-Dame fut pavé en 1483; il faudrait alors en inférer que ce ne dut être qu'une partie.

» pitre, exempte du bailli de Chartres et ressortissant de plain
» droit en la court de parlement, en leur faisant deffence que
» plus y n'arrachassent ledit pavé; néantmoins ilz n'en tindrent
» compte et ne sessèrent point: lesquelles choses voyant lesditz
» de Chappitre, firent par Blavot Prieur, sergent royal, publier
» certaine garde gardienne qu'il ont du roy. Et en ce faisant les
» maintint et garda en possession et saisine dudit pavé et de
» clorre et ouvrir lesdictes portes, et fist réitératives deffences
» de par le roy, en paine de cent marcs d'argent, ausditz procu-
» reur de la ville et autre illec présens, que plus y n'arrachas-
» sent ledit pavé; dont pareillement ilz ne tindrent conte, mais
» continuèrent à arracher ledit pavé: pourquoy lesditz de Chap-
» pitre appellèrent en la court de parlement, et encores n'en
» tindrent-il conte. Et illec seurvint maistre Jehan Baudry,
» lieutenant du Bailli de Chartres, et maistre Mathurin Boffi-
» neau, procureur du roy oudit bailliage, lesquieulx, non obs-
» tant tout ce que dessus, dirent qu'il avouoient ceulx qui arra-
» choient ledit pavé, en leur faisant oultre commandement que
» tousjours il procédassent oultre, non obstant lesdictes deffen-
» ces, etc. » Bref, les chanoines demandent que les délinquants
soient punis et corrigés des excès qu'ils ont commis, soit par
paroles ou autrement, que leur droit de clôture soit reconnu,
et de plus, condamnés aux dépens, dommages et intérêts.

On peut voir par ce qui précède que le Chapitre n'a omis aucun de ses griefs contre les habitants et ses magistrats; également
dans le dire qui fut fait au nom des habitants et que nous
allons reproduire, ils ne laisseront rien échapper pour leur défense et tâcher d'obtenir de la décision des commissaires du Roi
la liberté du cloître ou le moins d'entraves possible, à cet effet
il fut dit au nom du procureur du Roi et des habitants:

« Depuis demy an en ça lesditz chanoines et chappitre de
» nouvel avoient fait clorre ledit lieu qu'ilz appellent le clois-
» tre, au droit du pavé du roy et chemin publicque, et y ont
» fait mectre portes fermans, pour fermer de nuyt et eulx sépa-
» rer et fortifier de toutes pars à l'encontre de ladicte ville, en
» laquelle ville ilz peuent entrer de leurs hostelz et ouvertures
» particulières qu'il on fait et font faire de jour en jour comme
» bon leur semble, ou très grant péril, dommaige et préjudice
» du roy et des habitans d'icelle ville.....

» Et néantmoins pour déclairer les inconvénians, dommaiges

» et esclandres qui pourroient en survenir de ladicte cloture,
» dient que ladicte ville de Chartres, au milieu de laquelle est
» ladicte église et cloistre et le circuit d'iceluy, est de grant lon-
» gueur et largeur. Disoient oultre que ladicte ville hors le
» cloistre, est édifiée pour la pluspart de petits édiffices de bois
» couvers d'essaune [1] sugecte à péril de feu, en telle manière
» qu'elle a ja esté six fois arse et brulée, et puis deux cens ans
» en ça a esté plusieurs fois deffendue d'arsure, pour aller che-
» miner et traverser libéralement et sans obstacle par ledit
» cloistre jour et nuyt, et que par ce seulement que ladicte
» voye et chemin publicque passant par environ le milieu du
» cloistre estoit close, la ville de Chartres est et demeure divi-
» sée en deux parties séparées l'une de l'autre, et sans ce que
» l'une desdictes parties puisse à l'autre partie aider ne secourir
» en nécessité, sinon à tart, par grant circuyté, difficilement et
» à grant peine; et pareillement par deffaulte de l'eau des ci-
» ternes de ladicte église, pourroit le feu, se surprins estoit en
» la montaigne, loing de la rivière, ardre et bruller grant partie
» de ladicte ville, mefinement la rue des Changes qui est le
» principal de ladicte ville; et oultre plus, oudit cas et péril de
» feu, se la partie des Changes ou de la Poissonnerie estoit seur-
» prinse, le peuple d'icelle partie ne pourroit avoir recours au
» guet du clocher de plonc pour faire sonner les cloches et es-
» veiller les habitans de l'autre partie, et semblablement en cas
» de bruit, tumulte, sédicion ou mellée de peuple, les ungs ne
» pourroient secourir aux autres que les malfaicteurs n'eussent
» exécuté leur malle voulanté : et que lesditz chanoines, tout
» ainsi qu'il veuillent avoir leur entrée à toute heure dudit
» cloistre et de leurs maisons en ladicte ville, devroient souffrir
» que ceulx de la ville eussent entrée à toute heure dedans leur
» cloistre, en gardant fraternité et esqualité. Disoient oultre
» lesditz procureur du roy et desditz habitans que lesditz de
» Chappitre, puis peu de temps en ça, en venant contre les com-
» posicions et traictiés anciens faiz avecques les roys et leurs
» officiers, tiennent oudit cloistre dedans et dehors, ès maisons
» de la cloture d'iceluy, plusieurs bouticles et ouvertures, et

---

[1] Essaume ou esseulle, *axis, scindula*. (Glossaire de Roquefort.) — Au Moyen-Âge la plupart des maisons des villes étaient couvertes ainsi. C'est ce que l'on désigne actuellement sous le nom de bardeau. Ceci donne l'explication des fréquents incendies dans les villes à cette époque.

» logent et tiennent marchans de plusieurs diverses marchan-
» dises, par lesqueulx les droiz du roy sont deffraudés par le
» moien de leurs previlléges dont ilz abusent notoirement par
» ce qu'il dient et maintiennent les demourans en leurs maisons
» assises oudit cloistre, et qui ont leurs fenaistres et bouticles
» ésdictes maisons et sur le pavé du roy, comme boulengers,
» menuysiers, taverniers, merciers et autres leurs subgetz et
» justiciables et exemps de la juridicion du roy, en quoy ses
» droits sont deffraudez et diminuez grandement, comme des
» coustumes du bannage, des visitacions et autres droiz qui
» sont de son domaine. Disoient aussi que en plusieurs maisons
» dudit cloistre y a particuliers huys, saillans en ladicte ville,
» au moien desquieulx plusieurs gens jeunes, chappelains,
» chantre-coriaulx, serviteurs de chanoines et autres de liger
» courage, pourroient, autres fois a esté fait et veu, lesdictes
» portes closes, faire force et violence, comme prandre et ravir
» filles, femmes ou autrement, faire larrecins et bateries, et
» puis eulx retraire par leurs issues particulières oudit cloistre,
» ou grant esclandre et préjudice de ladicte ville. Disoient oul-
» tre, que se lesdictes portes estoient closes, les habitans de
» l'un des costés de ladicte ville ne pourroient de nuyt, en cas
» de péril ou nécessité, visiter leurs amys, demourans de l'autre
» costé, sans tournoyer autour dudit cloistre, en quoy ilz se-
» roient grandement intéressez. Et est leur action populaire et
» recevable pour empescher la closture desdictes portes et que
» au moyen d'icelles ledit chemin publicque ne leur soit em-
» pesché, lequel chemin traversant ledit cloistre, pour mons-
» trer qu'il est publique, est pavé, et lequel pavé lesditz habi-
» tans ont fait refaire à leurs despens toutes fois qu'il en a été
» nécessité, au moyns ont baillé les matières pour le faire, au
» veu et sçu et à la requeste desditz chanoines [1]; et que desditz

---

[1] Un acte capitulaire du 3 mai 1777 dit : « Sur les offres du corps de ville
» de refaire le pavage de la ville, lequel perçoit pour ledit pavage les droits
» d'octroi et de barrage, fait offre au Chapitre de faire repaver le cloître sans
» aucuns frais pour lui.
» Chapitre, après avoir meurement délibéré, que pour obvier à toutes les diffi-
» cultés à l'avenir et décharger le corps de ville et les habitants autant qu'il est
» en leur pouvoir, le Chapitre déclare se charger seul du pavage de tout son
» cloître suivant l'usage actuel et sans y rien déroger. »
Offre et réponse pleines de duplicité, montrant que chacun voulait avoir des
motifs de prouver la possession du cloître.

» chemin et voye publique par dedans ledit cloistre, et d'y
» passer et cheminer de jour et de nuyt et sans obstacle, les-
» ditz manans et habitans ont joy et usé au devant des guerres,
» publicquement et notoirement, au veu et sceu de tous ceulx
» qui l'ont vouleu veoir et savoir. Et supposé que lesditz de
» Chappitre eussent clos leur dit cloistre par aucun temps et
» par previllége à eulx donné, ce ne doit préjudicier ausditz
» habitans, attendu que c'est voye et chemin publicque qui ne
» se peut rédiger à privé usaige par aucun temps et par rescript
» de prince ne autrement, selon les raisons par eulx alléguez, et
» que en pareil cas il a esté dit par arrest pour les habitans de
» Meaulx contre les chanoines et chappitre dudit lieu, qu'ils ne
» clorroient leur cloistre de jour ne de nuyt. Disoient oultre
» que grant partie des maisons faisant la cloture dudit cloistre,
» comme la maison de l'évesque, celle du vidame, l'église
» Saint-Estienne, la maison de l'abbé de Saint-Jehan et autres
» n'appartiennent en riens ausditz de chappitre, par quoy ilz ne
» peuent maintenir ne dire que la closture desdictes maisons
» leur appartienne ne iceulx lieux, ne les personnes qui y de-
» meurent, ne qu'ilz peussent en justice estre de leur cloistre,
» ne enfermés en icelluy : et que supposé qu'il appare par les
» anciens portaulx dudit cloistre qu'il a autres fois esté fermé,
» il ne s'ensuit pas qu'il doyve fermer de présent, parce que au
» temps qu'il fermoit ladicte ville n'estoit pas encore close ne
» fermée comme elle l'est de présent. Disoient oultre que la
» halle aux merciers et dont ils font au roy cinquante livres
» tournois, par chacun an, a entrée dedans ledit cloistre, la-
» quelle entrée s'elle leur estoit estouppée y pourroient refuser
» le paiement desdictes cinquante livres. Disoient oultre que
» par la veue et visitacion dudit cloistre et du circuyt d'icelui
» nous pourrions mieulx veoir et congnoistre les inconvénians
» dessus alléguez estre vray, en nous requérans que nous vou-
» sissions aller, venir et visiter ledit tour de ladicte cloture, et
» ce fait, leur faire droit et justice, offrans nous informer deue-
» ment, et tant que souffire devroit pour obtenir à leur inten-
» cion. ». Les habitants requièrent en concluant que les ouvertures du cloître donnant sur le pavé du Roi soient murées et
que les portes du cloître restent toujours ouvertes ; comme on
a dû le remarquer, parmi ces réclamations il s'en trouve de
utiles et d'erronées.

Par la sentence des commissaires, le Chapitre reste en possession de tenir le cloître fermé ; il devra être ouvert entre quatre ou cinq heures du matin et ne sera clos qu'à dix heures du soir, sauf les cas où le Roi ou des seigneurs, ou des gens de guerre seraient logés dans la ville, alors il restera ouvert toute la nuit ; est fait défense, soit dans la clôture ou aux portes de construire ni tours, tourelles, « *arrechères, arbalestrières ne autre chose qui appartienne à fortificacion,* » et de faire les portes plus fortes qu'elles ne le sont à présent ; les chanoines auront deux hommes à leurs gages, qui coucheront sous les portiques latéraux de l'église [1] pour ouvrir les portes en cas de nécessité « esvidante. » Quant aux dires des habitants, il est reconnu que le Chapitre devra faire murer les issues de ses maisons et hôtels sur le pavé du Roi. De plus, les deux parties sont condamnées par moitié aux dépens de la cause. Cette sentence fut rendue le 10 mars 1469 (1470) [2].

On nous excusera de nous être si longuement étendu sur ce titre ; il nous a paru renfermer des détails fort curieux. On voit que la tentative des habitants pour avoir leur liberté entière dans le cloître échoua complètement.

Un fait à remarquer, c'est que chaque fois que la ville est menacée d'une surprise ou d'un siége, le Chapitre fait de grandes concessions aux habitants ; mais aussitôt le danger passé, les discussions renaissent. Ainsi, à la suite du siége de Chartres par le prince de Condé, en 1568, les difficultés entre le Chapitre et les habitants ne purent être terminées que par un arrêt du Parlement rendu le 22 juin 1570, et portant « que les portes
» du cloistre soient fermées entre six et sept heures du soir
» et ouvertes entre cinq et six heures du matin, fors les deux
» guichetz des portes des Changes et de la rue du Cheval Blanc
» qui seroient ouvertes jusqu'à neuf heures du soir ; ce que aucuns
» cuns de ceulx de ladite ville auroient voulu empescher, menassans
» nassans et injurians lesditz suppliants, disans qu'ilz mectroient
» le feu ésdictes portes, combien qu'ilz aient toute justice dans
» leur cloistre et mayre et auctres officiers, etc. » C'est toujours les mêmes excès et violences de part et d'autre.

---

[1] Le 12 décembre 1519, nous voyons l'œuvre donner à bail à un marchand une de ces loges de portiers. L'œuvre logea plus tard ces serviteurs dans des maisons adossées à l'église Notre-Dame.

[2] Archives d'Eure-et-Loir (Chapitre Notre-Dame).

III.

DESCRIPTION DU CLOITRE ET DES ÉDIFICES QU'IL RENFERMAIT.

L'aspect de la ville de Chartres était au Moyen-Age celui de toutes les cités religieuses ; les nombreuses églises et couvents, répandus dans son enceinte, avaient quelque chose de mystique et invitaient au recueillement ; la plupart de ses rues étroites et tortueuses étaient bâties sans alignement bien arrêté ; toutes ses maisons à pignon aigu, et la plupart couvertes d'essaume, donnaient à la ville une couleur sombre et pleine de tristesse.

C'est dans le cloître de l'église Notre-Dame et les rues environnantes que Chartres avait un aspect d'aisance et de mouvement ; là se trouvaient en abondance les approvisionnements et marchandises de toutes espèces, tant pour la cité que pour ses environs. Indépendamment des pèlerinages journaliers, les fêtes de Notre-Dame étaient transformées en foires : des pèlerins de toutes les contrées s'y donnaient rendez-vous, et l'insuffisance des hôtelleries de la ville avait obligé les chanoines à tolérer, dans ces jours d'affluence, que ces hôtes passagers trouvassent un gîte dans l'église cathédrale [1] et sous ses portiques. De là ces nombreuses ordonnances du Chapitre ou du Maire de Loëns [2], pour éviter la fraude dans les foires du cloître et maintenir le respect dû au culte catholique dans l'église Notre-Dame.

L'historien Duparc [3], écrivain du XVIe siècle, dit qu'à cette époque le cloître « était composé en son circuit de huit grandes
» portes fermantes à clefs et guichets, clos de grosses murailles
» de pierre et pour la plupart des maisons des chanoines, qui

---

[1] L'article 27 du règlement pour le clerc de l'œuvre portait : « Les festes
» d'Assomption Nostre-Dame, Nativité et autres festes d'esté où il y a grand
» concours de peuple, il fera lever quelques panneaux de vitres à cause de la
» grande poussière.

[2] C'est le titre que prenait le juge temporel du Chapitre pour la juridiction de Chartres et sa banlieue, dont l'auditoire et les prisons étaient situés au Marché à la Filasse, dans les bâtiments occupés actuellement par la Manutention militaire.

[3] Mss., fol. 119.

» sont construictes de pierre et qui font l'enclosture ; et és en-
» droictz où il n'y a maisons canoniales, sont de très fortes mu-
» railles, contre lesquelles murailles et hors le cloistre sont
» basties petites maisons appartenantes aux habitants ; et par
» dedans, ledict cloistre ce consiste en trois grandes places en
» forme de carefours..... et en l'encloz du cloistre sont quatre
» grandes rues et six petites ruelles, distinctes et séparées,
» comme lesdictz carefours, de trente trois grandes maisons de
» pierres, autrement appellées perrons, basties à l'antique, la
» moindre desquelles maisons se pourroit bien aisément sépa-
» rer en troix beaux corps de logis, et telles autres desdictes
» maisons en cinq ou six corps de logis telz que sont des beaux
» de la Ville, si bien que lesdictes maisons du cloistre pour-
» roient tenir lieu de plus de cent ou six vingt maisons telles
» que celles de la ville. »

Nous voyons que Duparc est enthousiasmé de la grandeur et de la magnificence des maisons du cloître. Au commencement du XVIIIe siècle, outre les trente-trois maisons canoniales [1], on remarquait dans le cloître différents édifices religieux et civils dont nous ferons en quelques mots l'historique.

1º Église Notre-Dame. — Nous ne pouvons mieux faire pour sa description complète que d'indiquer l'ouvrage consciencieux de M. l'abbé Bulteau, et pour l'instruction sommaire, ceux de Sablon et de Gilbert.

2º Saint-Nicolas du Cloître. — Cette chapelle fut dans l'origine dédiée en l'honneur de saint Serge et saint Bache, marty-risés au IVe siècle, et dont le culte était ancien et vénéré dans

---

[1] Le nom de maisons canoniales ou *prétrières* se donnait à celles habitées par les chanoines ; elles leur étaient louées par le Chapitre pour leur vie canoniale seulement, au plus offrant et dernier enchérisseur et moyennant une somme annuelle. Les grosses réparations étaient faites par le Chapitre, et les autres par le prétrier. On ne pouvait faire aucun changement sans une autorisation capitulaire et sans un délibéré. — Une bulle du pape Urbain III (vers 1186) adressée à l'évêque de Chartres et au Chapitre, défend que les maisons canoniales du cloître soient possédées héréditairement par des laïcs, ordonne que les chanoines les habitent en personne avec leur famille, vivant avec la décence et l'honnêteté convenables, à l'exclusion de toutes femmes de mauvaise vie, et défend de les louer à aucune personne laïque, sous quelque prétexte que ce soit. Il paraîtrait que cette bulle n'a pas été régulièrement suivie, car une ordonnance capitulaire du 14 février 1516 ordonne de faire sortir les laïcs des maisons canoniales du cloître, et de ne plus louer qu'à des ecclésiastiques les maisons de l'œuvre.

les Gaules. C'était alors une chapelle épiscopale; mais Robert II, évêque, en ayant fait construire une dans l'intérieur de l'évêché, elle fut cédée au Chapitre en 1190 par Renaud de Mouçon. Cette chapelle était fort remarquable par son architecture romane; au XIVe siècle, la grande confrérie des clercs et bourgeois de Chartres y fut instituée et la chapelle fut dédiée à saint Nicolas. En 1597, Thiersault, chanoine, et son collègue Loupereau, en 1614, y fondèrent chacun six canonicats pour les officiers du bas-chœur de la cathédrale. C'était là qu'avaient lieu les processions de carême, et celles du jour de saint Serge et saint Bache. Les mercredis, le théologal du Chapitre y faisait une instruction pour les chanoines. Les vinaigriers et arbalétriers y avaient établi également leurs confréries. Plusieurs fontes de cloches se firent dans son enceinte, et même en 1536 le Chapitre permit que des pièces d'artillerie y fussent fondues. Enfin, en 1702, sur la demande de l'évêque, le Chapitre accorda la permission de la démolir pour l'agrandissement et entrée du palais épiscopal. Lors de cette démolition on trouva plusieurs sarcophages antiques, entre autres celui de saint Calétric, évêque de Chartres au VIe siècle [1].

3° Hôtel-Dieu de Notre-Dame. — Sa fondation est un problème qu'aucun des historiens locaux n'a pu résoudre jusqu'ici. Suivant l'opinion commune, l'Hôtel-Dieu aurait été d'origine royale, et la mère de Charlemagne lui aurait accordé de grands biens; suivant le Chapitre, il aurait été fondé par lui lors du partage des biens au Xe siècle. Un certificat du 7 novembre 1703 dit : « Nous Doyen, chanoines et chapitre de l'église de
» Chartres, certiffions à tous ceux qu'il appartiendra : premiè-
» rement que nos prédécesseurs ayant fondé, il y a plus de six
» siècles, un hostel-Dieu dans la ville de Chartres, scis dans le
» cloistre et au pied d'un des clochers de nostre église, et dotté
» ledict hostel-Dieu de biens qui ont esté démembrez de ceux
» de nostre ditte Eglise, etc. »

---

[1] La *Revue Archéologique*, t. XIII, p. 689, contient un article rectificatif à 'adresse de M. Guénebault, de février 1857, et signé Doublet de Boisthibault, ù il est dit qu'en démolissant *la petite chapelle particulière du palais épiscopal de Chartres*, on découvrit le tombeau de Chalétric. L'auteur de la prétendue ectification confond imprudemment la chapelle de *Saint-Nicolas du cloître* avec *aint-Nicolas de l'évêché*. C'est cette dernière qui, depuis le XIe siècle, était oratoire de l'évêque.

Dans l'intérieur de cet hospice se trouvait une chapelle souvent désignée sous le nom de salle de Saint-Côme. C'est une construction du XIIIe siècle, voûtée en ogive avec piliers ayant des chapiteaux fort curieux. Avant la révolution de 1793, tout son dallage était composé des pierres tombales [1] des nombreux bienfaiteurs de cet asile des pauvres.

Le service des malades se faisait dans l'Hôtel-Dieu par des frères et sœurs condonnés, sous la surveillance d'un directeur et d'une commission de chanoines qui veillaient sur la gestion et les dépenses. En ce qui regarde le directeur, le réglement de l'Hôtel-Dieu de 1607 dit : « Il sera pourveu d'un homme d'un
» âge compétent, sage, modeste, de bonne vie, qui ne soit
» soupçonné d'aucune incontinence, ébriété et gourmandise,
» ni avaricieux, qui ne soit chargé de pauvres parents lesquels
» il pourroit avancer aux dépens du bien des pauvres et de la
» maison, etc. » L'Hôtel-Dieu avait une justice particulière, une censive assez importante dans la ville, ainsi que des biens nombreux aux environs. Jusqu'à la fin du siècle dernier, sa façade sur le cloître du midi était figurée par deux vastes pignons du XIIIe siècle : là se trouvait également sa principale entrée accompagnée de chaque côté de boutiques ou échoppes. L'architecture du XVIIIe siècle était en vogue : les vieux pignons furent masqués, les échoppes enlevées, pour faire place à une façade d'un style sans nom, qui fait regretter ce qui a été détruit. Une délibération de prairial an X (1802) avait approuvé le plan fourni par Nancy et lui en confia l'exécution, mais sous la surveillance de l'architecte Gondart « *très connu et très estimé* », dit cette délibération. L'estimation de ces travaux était de 6,733 fr.

4° SAINT-ÉTIENNE DU CLOITRE — Suivant quelques historiens, cette chapelle et prieuré aurait été dans l'origine une collégiale fondée par Adelard, doyen de la cathédrale en 1084, puis réunie par Yves, évêque de Chartres, à l'abbaye de Saint-Jean-en-Vallée : cette abbaye ayant été détruite lors du siège de 1568, les religieux vinrent habiter la maison du prieur; ils y adjoignirent ensuite plusieurs maisons environnantes, et ils construisirent en ce lieu leur nouvelle abbaye. L'église fut rebâtie

---

[1] Une grande partie de ces pierres auraient été plus tard transportées à l'hospice Saint-Brice, et là étant retournées, auraient servi au dallage du cloître.

en l'année 1697 et détruite à la Révolution, mais on remarque encore dans le mur de clôture de la terrasse de l'évêché une partie de sa façade.

5° L'ÉVÊCHÉ. — Cet édifice semble avoir été dans l'origine le lieu que l'évêque habitait pour le besoin du culte seulement, puisque sa résidence habituelle était dans une autre maison, dite le *Châtelet*, entre le bourg Mahé, et le fossé de la porte Châtelet, près le lieu plus tard échangé avec le vidame. Ainsi que nous l'avons vu ci-dessus, l'évêque Robert II abandonna la chapelle de Saint-Serge et Saint-Bache et fit construire dans l'évêché, pour l'usage de sa maison, un oratoire ou chapelle qu'il dédia à saint Martin. Cette chapelle occupa successivement plusieurs places dans les bâtiments de l'évêché ; elle fut au XVII° siècle dédiée à saint Nicolas, ce qui fut cause que souvent les historiens la confondirent avec celle de *Saint-Nicolas du Cloître;* l'évêque, outre son usage personnel, s'en servait pour conférer les ordres sacrés. Il est rapporté que jusqu'à l'avènement de saint Yves à l'évêché de Chartres, les bâtiments épiscopaux étaient construits en bois, et suivant la coutume, à chaque décès d'évêque les bâtiments et meubles étaient pillés ; une concession du comte Etienne l'abolit [1]. C'est à Yves que serait due la première édification en pierre, vers 1095. L'évêque Renaud de Mouçon les reconstruisit vers 1197, à cause des dégâts occasionnés par l'incendie de la cathédrale, en 1194. Ils subirent diverses transformations et améliorations sous les évêques Pierre de Mincy, Martin Gouges, Miles d'Illiers : sous Léonor d'Etampes et Paul Godet, l'évêché fut en partie réédifié ; des constructions plus en rapport avec les besoins de l'époque furent établies : enfin M. de Fleury, de 1760 à 1780, y mit la dernière main, et surtout le dota d'une superbe terrasse, aux dépens de l'ancien hôtel du Vidame, de la rue de Chinche, du collège de Pocquet et de terrains dépendants des religieux Minimes.

---

[1] *Lettre du Roy par lesquelles il confirme une charte d'Estienne, comte de Chartres et deffend, en conséquence, à toutes personnes de s'emparer des biens meubles des évêques de Chartres décédez et de détruire leurs maisons pour prendre les matériaux.* (Ordonn. *des Rois de France,* t. I, p. 2. — Spici. de D. Luc. d'Achery, t. XIII, p. 296.)
Il paraît que ce fut Yves qui obtint cette concession du comte Estienne avant son départ pour la croisade. Cette charte est rapportée en entier par Souchet dans ses notes sur l'épitre 94 d'Yves.

L'ancienne entrée de l'évêché était surmontée d'un pavillon en pierre; sous celui-ci un long couloir plein-cintre, également en pierre, conduisait dans l'intérieur de la cour de l'évêché; à la droite se trouvaient la geôle et les prisons de l'évêque. La partie droite du portail était appuyée le long de la sacristie de l'église Notre-Dame; à sa gauche l'Ecritoire du Chapitre; plus loin l'église de *Saint-Nicolas du Cloître;* et enfin, à la suite de celle-ci, la chambre du clergé et l'officialité de l'évêque, qui joignait une porte du cloître à laquelle elle a légué son nom. En face de l'entrée de l'évêché existait une large pierre sur laquelle le chambrier de l'évêque faisait *écheller* ceux qui étaient condamnés à cette peine [1].

Dans une déclaration faite au roi par l'évêque Louis Guillard, en 1538, il est dit : « L'hostel, manoir et Pallais Episcopal en » icelle ville de Chartres, clos à haulte murailles et pourpris et » circuit d'icelluy, contenant environ troys arpens de terre. »

L'évêché était le logis où descendaient ordinairement le roi et les princes quand ils venaient à Chartres, comme dans le lieu le plus somptueux et le plus vaste de la ville. Ces appartements, lorsqu'ils étaient habités par le roi, prenaient le nom de *Louvre;* ils avaient vue sur l'ancien Marché aux Chevaux [2].

Dans l'origine, cet hôtel ne possédait qu'une entrée, enclose dans le cloître; il y existait un portier, en titre d'office racheté par Ferdinand de Neuville, moyennant 4,000 livres. En 1414 [3], l'évêque Martin Gouges avait fait ouvrir vis-à-vis la rue Muret une autre porte contre la volonté du Chapitre; une procédure fut commencée, mais bientôt un arrangement amiable laissa conditionnellement subsister cette porte jusqu'au moment où Léonor d'Etampes, en ayant fait percer une autre monumentale vis-à-vis la rue des Trois-Flacons, fit de celle de Martin Gouges une remise pour les voitures.

---

[1] L'échellage était une des punitions du Moyen-Age, qui consistait à attacher et exposer sur une échelle et en public le condamné.
« Saint Louys fit dresser en Paris des eschelles par les quarrefours, où il » faisoit mettre les blasphémateurs, que l'on y attachoit avec des brouailles de » bestes. » (*Antiquit. des Villes*, par A. Duchesne, p. 181, édit. 1624.)

[2] Les fréquents pèlerinages de Henri III lui firent prendre en location, le 17 février 1582 (1583), trois maisons canoniales situées devant la porte royale.

[3] Pintard et Souchet donnent cette date, et M. de Lépinois, t. 1, p. 473, dit que ce fut en 1410.

6° CHAPELLE ET CIMETIÈRE SAINT-JÉRÔME. — Ce cimetière, situé au chevet de Notre-Dame, entre le lieu capitulaire, l'évêché et la maison du vidame, était destiné à l'inhumation des dignitaires, chanoines, chapelains, musiciens, clercs et autres ecclésiastiques du bas chœur ou habitués portant les draps de l'église cathédrale, et aussi à celle des sœurs de Sous-Terre, sauf aux héritiers à payer trois livres au curé de la paroisse où le défunt était décédé; il servit à cet usage jusqu'en 1790 [1]. Il fut béni le 27 juillet 1358; le vidame avait concédé deux toises et demie de terrain de son jardin pour rendre l'emplacement plus carré, mais à la condition que lui et ses successeurs auraient le droit d'y être inhumés. La cloche *Gabrielle* y fut fondue en 1413 par Naudin Bouchard, fondeur d'Orléans, pour 450 livres. En 1711, une ordonnance capitulaire fit défense de mettre aucune épitaphe dans ce cimetière sans l'avoir fait agréer par le Chapitre. Enfin, lorsque les révolutionnaires de 1793 eurent dépouillé les reliquaires et violé les châsses, ce fut dans un coin obscur de ce cimetière que les ossements des saints vénérés dans l'église cathédrale furent jetés pêle-mêle dans une fosse et recouverts d'un lit de chaux vive, puis ensuite exhumés en 1816 [2].

Lorsqu'au XIVᵉ siècle ce cimetière fut établi, les chanoines avaient délibéré qu'une chapelle serait édifiée au milieu de ce cimetière; mais ce ne fut que le 5 juin 1501 que le Chapitre autorisa François Baudry, chambrier de l'église, d'en faire bâtir une qu'il plaça sous l'invocation de Saint-Jérôme; elle fut dédiée en 1502, et François Baudry étant décédé le 11 juillet 1510, y fut inhumé. Les confréries des tonneliers et des brodeurs y célébraient leurs offices, et les processions qui se faisaient à Saint-Nicolas du Cloître y furent transférées lors de la démolition de cette dernière chapelle.

Dans l'enceinte du cloître et touchant à la chapelle Saint-Piat se voyaient également la *tour Nouvellon* et la *maison du Vidame*, comme le constate un aveu fait en 1393 à Jehan, évêque de Chartres, par Guillaume, son vidame, « de son héberge- » ment avec la tour Nouvellon, assise au cloistre Notre-Dame » de Chartres, au chevet de l'église. » Ce lieu fut concédé par

---

[1] Voyez l'histoire de M. de Lépinois, t. I, p. 212, à la note.
[2] *Notice sur saint Piat*, par M. Hérisson, p. 53.

le duc de Saint-Simon, vidame, en 1638, à l'évêque, pour l'embellissement de l'évêché. Une portion servit en 1731 à édifier la bibliothèque du Chapitre, où est actuellement la maîtrise.

Nous pourrions encore citer l'ancienne *chapelle Sainte-Même*: les quelques vestiges que nous en avons vus attestaient une construction datant du Xe ou XIe siècle. A une époque éloignée, elle devait faire partie du cloître et était située dans un emplacement appelé *le Coin-Rahier*; mais la voie publique ayant dû subir en cet endroit des modifications, et la chapelle se trouvant englobée entre plusieurs maisons canoniales, et étant d'ailleurs dans un état complet de vétusté, on la délaissa et elle servit dans la suite des temps à divers usages domestiques [1]. En 1850, une grande partie de ce curieux monument fut détruite, mais il en reste encore quelques vestiges bons à étudier.

Le cloître renfermait encore la *halle aux Merciers*, située dans la partie nord. Elle fut d'abord établie pour la vente d'articles de mercerie, dinanderie et objets d'habillements; c'était une sorte de petit bazar au XVIe siècle. Le Poids-du-Roi y resta jusqu'en 1740, où on l'installa sur la place des Halles.

Comme nous l'avons dit, les fêtes de la sainte Vierge attiraient une multitude de pèlerins et de trafiquants; la foire de mars était spécialement affectée à la vente des cuirs, draps et étoffes, dinanderie, orfèvrerie et autres menus objets; mais cette foire perdit son importance à la fin du XVIe siècle.

A la foire de la Nativité ou *Septembresce*, la vente consistait principalement en objets de sainteté, tels que enseignes, chemisettes, chapelets, etc. Les *quenoilles* pour les fileuses étaient l'objet d'un commerce important. En 1774, la communauté des menuisiers avait obtenu par privilège du Chapitre de pouvoir construire pour cette foire et sur un plan régulier des baraques, à condition « qu'ilz ne feroient payer aux forains que trente sols » du pied, lesquels auroient un privilège sur les marchands de » la ville, qu'il seroit construit une quantité suffisante de bou- » tiques pour tenir la foire de septembre. » Cette foire seule

---

[1] Un chanoine, M. Montégut l'avait louée pour mettre des grains, lorsque le 19 juillet 1786, la trop grande charge accumulée sur son plancher (438 septiers de grains) le fit écrouler ainsi qu'une partie de l'édifice. Le Chapitre, après avoir plaidé contre les locataires, dut payer 3,420 liv. pour les grains avariés, et pour le procès et divers frais, la somme de 1,831 livres. Déjà vers 1730 pareil accident était arrivé et la voûte s'était affaissée.

persista longtemps dans son emplacement primitif; le nombre des pèlerins ayant beaucoup diminué, l'autorité municipale crut, dans l'intérêt du commerce de la ville, devoir la transférer en 1854 sur la butte des Epars; mais dans cet emplacement son existence est gravement compromise, et de l'ancienne prospérité du cloître, due aux pèlerinages, restera seulement le souvenir !

Comme le Doyen avait dans ses priviléges la vérification des poids et mesures, la censure sur les marchands de chansons, enfin la police du cloître et l'entretien de sa propreté, il était souvent en querelle avec les officiers de Loëns, qui prétendaient aux mêmes droits pendant les foires. Plusieurs arrêts furent rendus pour maintenir les droits de chacun.

La justice haute, moyenne et basse sur la voie publique du cloître, ainsi que sur les maisons canoniales qui y étaient contenues, appartenait entièrement au Chapitre; deux poteaux de justice y étaient posés, un près de la boucherie de Porte-Neuve, et l'autre devant la principale entrée de l'Hôtel-Dieu. En 1727, ce dernier fut établi en pierre; c'était une colonne d'un morceau, mesurant 4 mètres d'élévation [1], à laquelle était fixée une potence avec une chaîne qui portait à son extrémité une chemisette de Notre-Dame figurant les armoiries du Chapitre.

Le cloître et les portiques étaient toute l'année le lieu de rendez-vous de gens sans aveu. Dans beaucoup de circonstances, des sergents étaient requis pour les chasser. Une ordonnance du maire de Loëns, du 15 mars 1510, dit : « Que les bélistres, » maraudeurs et vagabonds couchants sous les portiques, vi- » vans avec femmes suspectes, seront chassés sous peine de » prison [2]. » De nombreuses ordonnances capitulaires existent contre les marchands qui venaient exercer leur commerce, soit sur les degrés, soit sous les portiques de l'église. C'est ce motif qui donna sujet à J.-B. Thiers d'écrire une dissertation violente contre le Chapitre [3]. Des enfants nouveau-nés étaient fréquem-

---

[1] Cette colonne existe encore dans une maison du cloître Saint-Martin, n° 5. Elle a été réduite d'un mètre environ.

[2] Le 13 juin 1495, Guillaume Lecomte, serrurier, et Jean d'Auvergne, texier en toiles, furent condamnés par le bailli à faire amende honorable, nu tête et à genoux, dans le lieu capitulaire, pour s'être cachés le soir dans le cloître avec l'intention de voler dans une maison canoniale.

[3] J.-B. Thiers. *Dissertation sur les porches des églises*, dans laquelle on fait voir les usages auxquels ils sont destinés. (Orléans, Hotot, in-12. 1769.)

ment exposés, à la porte de l'Hôtel-Dieu, dans l'église sous-terre, près les portes de l'église Notre-Dame, ou dans les chapelles restées ouvertes et les confessionnaux. Sous le régime féodal c'était une charge onéreuse qui incombait au Chapitre. Le cloître était également le rendez-vous des désœuvrés, qui y jouaient à la paume; d'autres tiraient des coups de fusil aux nombreux pigeons qui se réfugiaient dans les combles et clochers de l'église [1]. Le Chapitre, pour obvier à toutes ces charges et dangers, institua en 1712 un garde spécial, armé d'une hallebarde, pour surveiller le cloître et l'église de jour et de nuit. Nous le voyons en 1716 rendre plainte « qu'en faisant son devoir les » enfants l'ont pourchassé à coups de pierres. » Plus tard, même plainte; il a même été blessé jusqu'à effusion de sang.

C'était sous le portique du nord qu'au jour de Saint-Pierre se chantait un motet et qu'un feu de joie était allumé au bas des degrés, devant la *maîtrise des enfants d'aulbes*. Un feu avait lieu également le jour de Saint-Jean, et se composait d'un demi-cent de javelles et de six bûches. En ce même endroit et sur les degrés, l'évêque réconciliait les pénitents avec l'Eglise [2].

Le 26 juin 1700, M. l'archidiacre de Blois rend plainte au Chapitre « qu'il a esté averty qu'il se commet journellement » des profanations sous les portiques de l'église et particulière- » ment sous ceux du costé de la maîtrise par des personnes de » l'un et l'autre sexe qui s'y donnent des rendez-vous le soir » et y demeurent ensemble un temps considérable et en des » postures deshonnestes. » Ce sont bien là les mœurs éhontées du XVIIIe siècle.

Dans cette portion du cloître étaient les maisons des enfants de chœur, des notaires du Chapitre, de l'œuvre, du clerc de l'œuvre, la cirerie, la maison de *l'horlogeur;* celle des *mortiers*, située auprès du bâtiment de l'horloge, était le magasin des matériaux de l'œuvre, et à côté se trouvaient divers logements pour les serviteurs de l'église.

---

[1] Ordonnance capitulaire du 7 juin 1657 « qui ordonne lors de la venue des » gens de guerre qu'ils ne fassent assemblée et distributions de bulletins dans le » cloistre, pour ce que les soldats tirent sur les pigeons et hirondelles, ce qui » cause la perte et ruisne des vistres et couvertures de l'église. ».
Mêmes griefs sont adressés au XVIIIe siècle contre la milice bourgeoise, qui venant pour assister à des cérémonies publiques tirait soit sur les oiseaux, soit dans l'intérieur de l'église.

[2] *Manière d'administrer les sacrements*, par N. de Thou. (Paris, 1580, fol. 221, v°.

Les feux de joie des réjouissances publiques se faisaient à la porte royale, et sur les marches de cette porte se recevaient les cens de certains fiefs : ainsi l'on voit par un aveu du 11 novembre 1407, « Jehan le Viconte, chevalier, seigneur du Tremblay-
» le-Viconte, tenir les cens de Saiche Crouste [1], qui valoient
» soixante dix huit solz unze deniers obole poictevine..... et se
» reçoivent iceulx cens le jour sainct Prest, sur les degrez de
» l'Église Notre Dame de Chartres, etc. »

C'est là également que l'on conduisait les criminels condamnés par le maire de Loëns à faire amende honorable; ceux condamnés par le bailliage n'y étaient amenés qu'après l'autorisation accordée par le Chapitre. Le 27 septembre 1523, Laurent Greslet, dit Floquet, ayant dans l'église cathédrale renversé la statue de *Notre-Dame-la-Blanche* et cassé un bras de l'Enfant-Jésus, fut condamné par le maire de Loëns à faire amende honorable à la porte royale, et ensuite à être brûlé dans le cloître. Cette terrible sentence fut exécutée le 26 octobre suivant. — C'est à cette même porte où trente ans plus tard Pierre Dinocheau, marchand drapier à Chartres, et Estienne Leroy, tabellion à Saint-Georges-sur-Eure, furent amenés, pour faire amende honorable avant d'être conduits au *marché aux pourceaulx* (actuellement la place des Epars), pour y être brûlés vifs, comme hérétiques, « et ne se voulurent jamais confesser, n'y recon-
» noistre nostre bon Dieu et Sauveur Jésus, n'y la benoiste
» Vierge Marie [2]. »

Au portique méridional et sur la place environnante existait le plus grand mouvement et commerce du cloître Là se vendait le bois, le charbon, le gibier, les volailles, le beurre, les fruits et les légumes [3]; toute la façade de l'Hôtel-Dieu et une grande partie des maisons canoniales étaient garnies d'une quantité de boutiques ou échoppes pour la vente de diverses marchandises, mais spécialement pour les articles de sainteté et merceries [4]. Les *Loües* des domestiques, moissonneurs et manouvriers se fai-

---

[1] Sèche-Côte, commune de Champhol, canton de Chartres-Nord.
[2] Journal de Jean Bouvart, an. 1553. (Voy. *le Beauceron*, année 1855.)
[3] En 1699, avec l'assentiment des chanoines, il fut ordonné que le gibier et la volaille seraient vendus dans la rue du *Viel Marché au blé*.
[4] Voir dans les *Mémoires* de la Société Archéologique d'Eure-et-Loir, t. I, p. 79, un article sur ce sujet.

saient sous le portique et sur la place; des abus existaient, puisqu'une ordonnance du maire de Loëns, du 28 novembre 1615, dit : « Que les manœuvres et gens de bras qui, avec leurs
» hottes, pelles et pics, se viennent louer jusque dans l'Eglise,
» devront être chassez par les sergents. »

Le Chapitre ordonne, le 10 mars 1505, que le puits situé au milieu de la place et en face de la rue qui conduit à la Poissonnerie sera bouché; une ordonnance capitulaire de septembre 1299 concède « à Jehan Sequence, chanoine, de faire un puits
» dans le cloitre juste l'Eglise de l'aumône Notre Dame à l'en-
» droit où il y a un orme aujourd'hui et d'y faire une clôture
» autour. » Nous n'avons dans la suite retrouvé aucune trace de ce puits, mais ce ne peut être celui qui fut bouché en 1505.

Des processions étaient souvent ordonnées à *l'entour* du cloitre, et se terminaient généralement par un sermon qui se faisait au milieu de la place devant la porte royale. Le 12 septembre 1509, le Chapitre autorise les clercs « de jouer dans le cloistre
» une moralité intitulée *L'homme humain,* sans insolences;
» mais toutefois après que cette pièce aura été examinée. »

Ce ne fut qu'à la fin du XVIIIe siècle que le cloître fut éclairé la nuit, mais d'une manière bien parcimonieuse. Le 16 avril 1777, un crime horrible fut commis dans la rue de l'Hospice; M. Petey, chanoine, et sa servante avaient été assassinés à huit heures et demie du soir. Cet événement mit toute la ville en émoi; le Chapitre, de concert avec les échevins, fit faire des patrouilles dans le cloître et y établit une surveillance, sous la condition que les individus qui seraient pris dans le cloître seraient conduits en Loëns. Des monitoires furent lancés, la police de Paris envoya ses plus habiles agents, un certain nombre d'arrestations eurent lieu, mais ce crime resta impuni. On avait ordonné de mettre des lanternes dans le cloître, mais la panique passée, il resta dans l'obscurité. Les évènements de 1789 se préparaient, le clergé était souvent insulté ou menacé : ce fut alors que, par une délibération capitulaire du 19 octobre 1789, prise de concert avec les habitants, il fut décidé que trois réverbères seraient placés dans le cloître et que le Chapitre supporterait la moitié des frais.

IV.

DES PORTES DU CLOITRE ET DE SON ENCEINTE.

Ainsi que nous l'avons dit plus haut, le cloître formait une enceinte continue de maisons et de murailles : neuf passages ou portes y donnaient accès.

Les portes de l'Officialité, de l'Horloge, Percheronne, des Changes, aux Herbes et de Saint-Jean livraient passage aux voitures; celles de Chinche et de l'Hôtel-Dieu aux cavaliers, et le passage de l'Étroit-Degré aux piétons. Nous allons les décrire successivement en les désignant sous leurs diverses appellations :

1º La porte de l'*Officialité*, de l'*Evêché*, des *Lices*, de l'*Ecritoire*. — Elle a pris ces divers noms de sa situation. C'était la porte la plus rapprochée de l'évêché, débouchant en face les Lices de l'ancien Marché aux Chevaux; c'était près d'elle que les notaires-secrétaires du Chapitre tenaient leur étude, et enfin le bâtiment de l'Officialité de l'évêque y attenait. Cette porte est d'une construction ancienne; certaine moulure et son appareillage en font remonter l'édification au XIe siècle; son cintre est beaucoup plus moderne, ses pieds-droits ont été gravement mutilés par les essieux des voitures; un de ses écoinçons a dû se trouver envahi en 1547, lorsque le Chapitre fit reconstruire la *maison des enfants d'aulbe* aux dépens de la voie publique, qui était alors sa propriété; l'autre écoinçon fut envahi depuis sa base jusqu'à une grande hauteur par un large perré joignant l'Officialité.

2º La porte du *Cadran*, de l'*Horloge*, du *Bardé*, *Porte-Neuve*. — Suivant la tradition, ce serait une des anciennes portes de la ville primitive. L'ancienne boucherie de Porte-Neuve la confinant y donnerait quelque croyance; l'*Aganon vetus* en fait mention [1], et ce serait dans ses environs que l'évêque Gantheaulme ou Gancelme, au Xe siècle, étant monté sur le rempart et por-

---

[1] Donavit ecclesie nostre in elemosinam unum stallum ad Portam Novam (1101-1129). *Cart. de Saint-Père*, t. 1, p. 293.

tant au bout d'une lance la sainte Tunique de la Vierge aurait effrayé et repoussé les Normands qui faisaient le siége de la ville jusque dans le val Raoul, d'où les Chartrains, ayant fait une sortie opportune, les auraient défaits dans les *Prés des Reculés* [1]. Son nom de porte du Bardé est tiré d'une hôtellerie située en face, qui prenait pour enseigne le Cheval-Bardé. Quant aux noms du Cadran et de l'Horloge, ils ne lui furent donnés qu'après 1526, époque où le mouvement de la grosse horloge de Notre-Dame fut établi dans un curieux petit bâtiment situé au pied du clocher neuf et lui faisant face. Le cintre seulement de cette porte fut démoli en 1732 pour donner passage à la voiture de la reine Marie Leczinska, épouse de Louis XV, qui venait en pélerinage à la vierge de Sous-Terre. En 1783, les deux pieds-droits de l'ancienne porte existaient encore. Dans cet étroit passage de la porte du Cadran existaient deux boutiques, et dans le cloître trois autres, qui obstruaient le passage et étaient causes de divers accidents. Le Chapitre ordonna la démolition des pieds-droits et des cinq boutiques, qui, jointes à un grand nombre d'autres situées extérieurement, et abattues en 1740, formaient l'ancienne boucherie de Porte-Neuve; à cette même place de la porte, un pilastre monumental fut édifié, ainsi qu'une belle façade pour une maison canoniale à la place des anciennes écuries du *Cheval-Blanc*; de l'autre côté un pilastre parallèle devait être construit, ainsi qu'un vaste bâtiment, qui devait contenir le trésor des archives, la maîtrise de l'œuvre, les salles d'assemblée, le logement du clerc de l'œuvre et celui du prédicateur, ainsi que le local des notaires-secrétaires du Chapitre : la voûte seule du bâtiment des archives fut construite, la Révolution ayant arrêté l'exécution de ces travaux. On peut voir sur le pilastre existant des gonds posés d'une manière singulière, le mamelon du gond est accolé à la pierre; il en fut ordonné ainsi afin de constater les droits du Chapitre pour l'avenir, puisque les portes cessèrent d'être fermées à la fin du XVIIe siècle.

3° La porte des *Trois-Degrés*, de l'*Étroit-Degré*, et, suivant quelques titres, des *Treize-Degrés*. — Ce passage communique à la rue du Cheval-Blanc, contient seize marches et n'offre qu'une

---

[1] Le *Livre des Miracles de Notre-Dame de Chartres*, p. 179. (Chartres, Garnier, in-8°; 1851.)

largeur d'un mètre dix centimètres ; il est souvent désigné sous le nom d'escalier des Trois-Degrés, ou de descente des Trois-Degrés. Du côté du cloître elle est formée d'une porte plein-cintre en pierre ; en arrière corps se trouve un fort linteau horizontal en pierre également, le tympan est vide ; trois énormes corbeaux en forme de console, sur lesquels repose une pièce de bois sculptée, supportent un petit bâtiment ; l'ensemble en est pittoresque et mérite une mention : c'est un ouvrage du XVe siècle. Sur l'autre face ce passage forme ruelle entre deux bâtiments. En 1521, une ordonnance capitulaire du 7 août ordonne, vu la peste qui afflige la ville, que le cloître sera fermé, mais qu'une clef de la porte des Trois-Degrés sera remise au maître de l'Hôtel-Dieu pour y passer les corps des défunts qui se portent au cimetière de l'Hôtel-Dieu. Cette porte ne fut rendue au public que le 12 février suivant.

En 1680, il fut représenté au Chapitre que les marches de l'escalier de cette porte étaient usées, qu'on ne pouvait y descendre sans y glisser et qu'il y avait urgence à le faire rétablir ; la question mise en délibération, il fut décidé que l'escalier, se trouvant hors du mur d'enceinte du cloître, c'était à la ville à y pourvoir : les échevins consentirent à cette réparation, mais les chanoines ayant fait réflexion que le bon vouloir des échevins n'était peut-être pas sans dessein, et qu'à l'avenir les habitants pourraient prétendre avoir droit et libre entrée par cette porte, il fut pris une autre délibération portant que le Chapitre « le restabliroit incessamment quoy qu'il coustast. » Enfin, il fut ordonné, vu que plusieurs personnes avaient fait des chutes dangereuses dans l'Etroit-Degré, que les marches seraient repiquées et qu'une rampe en fer y serait posée.

4° La porte de l'*Hôtel-Dieu*, des *Carneaux*, de *Sainte-Mesme*. — Elle doit son nom à l'hospice qui est dans son voisinage. Elle touchait anciennement à l'hôtellerie de Sainte-Même, et était voisine de « l'hostel des Carneaux » ; elle n'était pas régulièrement ouverte et servait particulièrement de passage pour conduire au cimetière de l'Hôtel-Dieu les individus qui y décédaient. Cette petite porte, voûtée à plein-cintre et en pierre, est pour le surplus construite en silex ; elle n'offre rien de remarquable. Elle est située au milieu d'une rue étroite, qui conduit de la rue Sainte-Même à la rue Percheronne ; sa largeur dans œuvre est d'un mètre 75 cent., mais ses gonds ont disparu.

5º La porte *Percheronne, Personne, Perrichonne*. — Cette porte est regardée également comme l'une des anciennes portes de Chartres au Xᵉ siècle. L'*Aganon Vetus* la cite : *Ex una fronte terminatur via publica quæ pergit ad portam Perticanam* [1]. C'est sans doute sa direction vers la province du Perche qui lui a valu cette appellation; de nombreux documents du XIVᵉ au XVIᵉ siècle l'appellent porte Personne, quelquefois ce nom paraît même être commun à celle de l'Hôtel-Dieu, doit-on voir seulement dans ce nom la dégénérescence de celui de Percheronne? C'est la seule porte à notre connaissance possédant une niche spéciale pour y mettre l'image de la Vierge. Aussi voit-on en 1704 des ordres donnés pour la réparer. En 1778, une requête pour démolir cette porte fut présentée au Chapitre par les propriétaires du carrefour de la Vieille-Pelterie, du Fort-Boyeau et de la rue du Soleil-d'Or, exposant que journellement leurs maisons étaient endommagées par les voitures de matériaux entrant par cette porte, « vu que la rue est étroite et difficile »; mais ce ne fut qu'en octobre 1789 que cette concession fut accordée, sous condition expresse que des gonds seraient remis aux encoignures; les événements marchaient; le commerçant prenait son essor et devenait plus exigeant.

6º Porte des *Changes*, de la *Courvoiserie*. — Cette dernière appellation lui venait de son voisinage de la rue des Courvoisiers (Cordonniers), qui comprenait l'espace entre la rue des Trois-Maillets et la rue Serpente. Quant à son nom de porte des Changes, il lui vient de ce qu'elle conduisait à la rue de ce nom où étaient établies les tables des changeurs au Moyen-Age. Cette porte fut démolie au mois d'août 1787; les gonds que l'on a posés sur la maison faisant l'encoignure de la rue au Lait indique sa position.

7º La porte de la *Fruiterie*, aux *Herbes*, de la *Savaterie*, de la *Poissonnerie*. — C'est dans cette petite rue située en face du portique méridional que se vendaient les légumes et les fruits; elle conduisait à la poissonnerie de mer et d'eau douce. Quant à son nom de Savaterie, qui est le plus ancien, il lui venait du quartier de la ville, qu'elle avoisinait, habité par des gens de cette profession; la rue de la Petite-Cordonnerie, qui en est voisine, est un dérivé de l'ancienne Savaterie. Les voisins de cette porte

---

[1] (An. 931-934.) *Cart. de l'abbaye de Saint-Père*, t. 1, p. 24.

firent en 1836 une demande au Conseil municipal pour obtenir sa démolition, un ajournement fut prononcé; enfin, en 1845, une pétition motivée sur l'incommodité de cette porte pour les maisons du voisinage et le commerce, fut mieux accueillie, et le Conseil, dans sa session d'août, en ordonna la démolition.

8º La porte *Saint-Jean,* de la *Gallée, Esvière.* — L'appellation de porte Evière paraît être son premier nom, qui indique bien sa situation, puisque cette voie conduisait à la rivière; mais il ne faut pas la confondre avec l'ancienne porte Evière, située près la chapelle de Saint-Eman et formant l'ancienne clôture de Chartres avant le XIe siècle, et joignant l'ancienne boucherie du Bourg. Quant à son nom de porte de la Gallée [1], il lui vient de la donation faite par Soubiran de Beauchateau au Chapitre d'une maison assise proche et attenant la porte Evière, appelée la maison de la Gallée, le 19 mars 1336. Cette porte était voisine de la maison des *Trois-Vifs et des Trois-Morts.* Enfin elle ne reçut son nom de porte Saint-Jean, qu'après que les religieux de Saint-Jean-en-Vallée, après le pillage de leur abbaye, au siége de 1568, furent venus chercher un refuge au prieuré de Saint-Etienne, où ils firent édifier leur abbaye.

Cette porte était d'un aspect imposant et couronnée de créneaux *fort élevés :* comme ils menaçaient ruine et effrayaient les passants, le Chapitre ordonna après diverses plaintes qu'ils seraient démolis, ce qui eut lieu en septembre 1789, mais on laissa subsister la porte. Souvent des voitures chargées s'engageaient dans ce passage si rapide, et de nombreux accidents avaient lieu : sur les plaintes des échevins, d'accord avec les religieux de Saint-Jean et le Chapitre, une ordonnance de police du 18 février 1766 ordonna que deux bornes seraient posées dans la rue de Saint-Etienne du Cloître, à une distance de deux mètres l'une de l'autre, et aux frais du Chapitre. A diverses époques, les voisins limitrophes avaient demandé la suppression de la porte, mais ce ne fut que le 5 janvier 1836 qu'une délibération du Conseil municipal ordonna sa démolition.

9º Porte au *Vidame,* de *Saint-Estienne,* de *Chinche,* du *Collége.* — Cette porte dut être construite vers 1258; comme nous

---

[1] Un censier de 1582 dit : « Maison où souloit pendre pour enseigne la Gallée (galère, espèce de vaisseau très-allongé), rue de la porte l'Escuyer, aultrement dict la porte Esvière. »

l'avons vu, le vidame s'était opposé à son établissement, car elle touchait à son hôtel, et il se trouvait ainsi enfermé dans le cloître. Elle doit son nom de Chinche [1] à son voisinage de l'hôtel de ce nom, acheté en 1572 par Jean Pocquet pour y mettre le collége. L'église de Saint-Etienne avait une de ses parties latérales dans la rue du Chinche, où était construite cette porte. C'était un passage très-fréquenté par les élèves du collége et par quantité de personnes de la ville qui, pour éviter le passage si incommode de l'*Ane qui vielle* (existant encore de nos jours), en faisaient usage. En 1762, M. de Fleury, évêque, ayant fait acquisition des bâtiments du collége et de ses dépendances pour agrandir la terrasse de l'évêché, cette porte fut démolie et le passage intercepté en 1777.

Nous voyons à diverses époques des visites opérées par les maîtres de l'œuvre et les ouvriers, pour constater l'état et la solidité des murailles et des portes; ces dernières étaient construites en madriers de chêne, garnies de fortes ferrures, plusieurs avaient un guichet; elles mesuraient 3 mètres 57 c. de hauteur. Les heures d'ouverture et de fermeture subirent de grandes modifications, suivant les besoins et les circonstances; le Chapitre ordonna, le 16 mars 1531, pour cause de peste, de fermer les portes, *sicut ab antiquo*, et de changer les gardes des serrures; ensuite, le 15 octobre 1560, sur l'avis donné que les protestants cherchaient à surprendre la ville, il fut ordonné que quatre hommes au lieu de deux feraient le guet au clocher neuf; on fit barrer les portes de l'église, les portes du cloître furent fermées, à l'exception de celles des Changes, du Cadran, de l'Officialité et Percheronne, et chacune de ces dernières était gardée le jour par deux hommes et la nuit par huit, portant des flambeaux pour reconnaître les passants.

La charge de portiers était remplie par les serviteurs de l'œuvre et l'horloger [2]; ainsi, le 19 février 1580, le Chapitre passe bail pour neuf ans à Guillaume Lequoy, maître horloger, qui accepte « de faire sonner et gouverner tant le gros et petite

---

[1] Une déclaration du 12 août 1553 dit : « Un lieu nommé Chinche, conte-
» nant maison, cour et jardin juxte la rue par où l'on va du marché aux che-
» vaux à Saint-Etienne d'une part et d'autre la ruelle appellée la Mestarie. »

[2] Dès le 10 janvier 1501 nous voyons le Chapitre choisir pour portier l'*horlogeur*.

» horloges, ensemble les commandes ou réveille-matin de l'E-
» glise de Chartres et les gouverner le plus justement suivant
» le cours du soleil que faire se pourra, ouvrir et fermer les
» portes et guichetz du cloistre cy-après déclarées, sçavoir, la
» porte du Marché aux Chevaulx, la porte de devant le quadran
» dudit gros horloge, l'huys des troys degrés, la poterne qui
» va en la rue du Bœuf Couronné et la porte vulgairement ap-
» pelée Perrichonne, moyennant vingt escuz sol par an; et lui
» sera baillée la maison assise joignant la porte devant le qua-
» dran, pour y loger et habiter pendant ledit temps sans en
» payer aucun salaire. »

Le serviteur de l'œuvre habitait une portion de la *Maison d'Ardoise*, située au pied du vieux clocher; et était chargé de la surveillance des quatre autres portes. Il avait également l'autorisation du Chapitre de pouvoir vendre des menus objets de dévotion, tels que Cierges, Chapelets et *Chemisettes de Notre-Dame de Chartres*. Ce dernier article surtout était d'un débit immense; écoutons sur ce sujet le naïf Ch. Challine, historien local [1].

« Il ne fault pas obmettre que la dévotion que non-seulement
» les chartrains portent à cette saincte Chemise, mais tous ceux
» qui en quelque partye du monde qu'ilz soient, en ont entendu
» parler, font ung tel estat de la représentation qu'on en faict
» en cuivre, en argent, en or, qu'il s'en vend tous les ans une
» prodigieuze quantité par les orfebvres et par les autres mar-
» chands de la ville de Chartres, et qu'elles se portent par
» toute la terre, je puis assurer que moy seul en ay envoyé
» ung grand nombre de douzaines à des Commandeurs et à des
» Chevaliers de Malte, qui les donnent à leurs soldats et à tous
» ceux qui les servent, qui les estiment et qui croyent les por-
» tant dévotement avoir ung bouclier assuré contre les mauvais
» accidens qui leur pourroient arriver. »

---

[1] Mss., chap. VIIIe. *De la saincte Chemise, tunicque ou robe de N.-D.* (Voy. *le Beauceron*, année 1856, p. 141.)

V.

ÉTAT ACTUEL DU CLOITRE.

Comme beaucoup de villes qui déplorent les pertes des nombreux édifices religieux qui faisaient leur ornement avant la révolution de 1793, Chartres vit plusieurs des siens subir des transformations pour usages divers; des places furent créées sur leurs emplacements par l'autorité municipale, soit pour aérer la vieille cité, soit pour suffire aux besoins d'une population croissante. Mais le cloître Notre-Dame est aussi complet, quant à ses édifices, qu'à la fin du XVIIIe siècle, moins toutefois l'église de Saint-Étienne et la plupart de ses portes : c'est toujours le même calme dans ses rues, désertes et sinueuses, l'herbe croît encore entre ses pavés de ladère. Le XIXe siècle amena avec lui la manie des alignements; le marteau du voyer ou celui de l'intérêt privé transforme chaque jour nos vieilles cités, et semble avoir pris pour tâche d'en faire des villes modernes; aussi regardons-nous comme un devoir pour chaque archéologue de mettre la main à la plume ou au crayon avant que les derniers vestiges de nos antiquités monumentales aient disparu.

Déjà, aux yeux de la nouvelle génération, le cloître ne consiste plus que dans les trois grandes places qui entourent la cathédrale; ses limites anciennes lui sont inconnues, elle ignore que sa superficie pouvait être estimée contenir 50,700 mètres carrés. Son sol vient d'être gravement endommagé; son antique pavage, objet de tant de contestations entre les échevins et le Chapitre a disparu pour faire place au moderne *macadamisage*; le vieil *Hostel-Dieu de Nostre-Dame* doit sous très-peu de temps être déplacé, et ne laissera plus que des souvenirs; des neuf portes du cloître, trois seulement retracent encore leurs anciennes constructions; mais nous ne cesserons d'appeler l'attention sur celle de l'Étroit-Degré, pour son agencement pittoresque, et sur celle de l'Officialité, pour son antiquité qui est, je pense, le plus ancien vestige extérieur de l'architecture du XIe siècle en notre ville. Une délibération du Conseil municipal de

Chartres, du 9 décembre 1856, motivée sur l'état de dégradation de cette dernière porte et le peu de largeur de la voie publique en cet endroit, en avait ordonné la démolition, mais l'autorité supérieure crut devoir refuser l'autorisation nécessaire pour la mise à exécution de cette délibération [1]. Nous savons qu'il s'est trouvé des gens assez naïfs pour approuver ce vandalisme qui n'apportait aucun avantage sérieux pour la viabilité de ce passage ; ils appuyaient leur raisonnement de cet étrange motif, que puisque des neuf portes de l'ancien cloître six ont déjà été démolies, pourquoi ne pas en faire autant des autres ? Laissons marcher librement ces novateurs et amis des moellons neufs, et bientôt du vieux Chartres féodal et religieux, il ne restera nul vestige : que l'on continue la destruction de ses antiques remparts et de ses tourelles, en terminant l'œuvre par la démolition de la vénérable porte Guillaume, ce sera le complément du vandalisme de l'alignement et du vertige qui pousse notre siècle à détruire tout ce qui n'est pas édifié au goût du jour ; notre ville possède cependant un exemple expiatoire de cette fâcheuse manie qui a présidé aux travaux qui se sont accomplis dans l'église Notre-Dame de Chartres, pendant la dernière moitié du XVIIIe siècle. Aussi les amis des arts et les archéologues gémissent et formulent amèrement contre les auteurs de la destruction de son antique Jubé, et sur le mauvais goût qui a présidé à la décoration du chœur. Dans l'intérêt de la science comme dans celui de la tradition, tous ces vieux souvenirs du passé méritent d'être conservés.

Nous croyons de notre devoir, en terminant cette notice, d'indiquer comme bon à consulter le travail historique et consciencieux de M. de Lépinois sur notre ville, travail rempli d'érudition, malgré les quelques erreurs de dates que nous avons signalées, mais qu'on doit regarder comme inévitables dans un ouvrage de ce genre.

---

[1] Voy. *Procès-Verbaux* de la Société Archéologique d'Eure-et-Loir, t. I, p. 51.

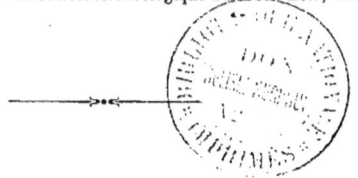

UNE PAGE

DU

PROTESTANTISME

AU PAYS CHARTRAIN,

EN 1565,

Par Ad. LECOCQ,

Chartrain.

La vérité, l'expérience, l'histoire, ne vivent que
de détails précis et quelquefois minutieux.
(J. CAMBRY.)

CHARTRES.
IMPRIMERIE DE GARNIER,
Rue du Grand-Cerf, 11.

1859.

(TIRÉ A 25 EXEMPLAIRES.)

UNE PAGE

DU

PROTESTANTISME

AU PAYS CHARTRAIN.

Loin de nous l'intention d'aviver ou d'exciter un scandale sur les jours néfastes de l'histoire religieuse dans le pays Chartrain au XVIe siècle [1], sur cette époque et ces temps malheureux où les idées les plus hardies furent formulées, où dans chaque famille il se trouva des membres qui écoutèrent les nouveaux dogmes de Luther et Calvin, où enfin cette division de croyances eut pour résultat de produire une grande perturbation civile et religieuse, et de servir de motifs à de longues guerres, qui amenèrent de si grands désastres.

Ce que nous voulons consigner ici, c'est le récit simple et fidèle d'une page de cette époque, récit tiré d'une pièce authentique, dressée sous forme d'acte de notoriété et par un notaire [2], à la demande d'un religieux catholique remplissant les fonctions curiales, afin de prouver à ses supérieurs, à ses paroissiens ainsi qu'au receveur des subsides de l'État, que s'il

---

[1] Voir sur ce sujet, dans le *Bulletin* de la Société de l'Histoire du Protestantisme, t. IV, p. 324, un article fort intéressant intitulé : *Registres de l'état civil de l'ancienne église réformée d'Authon (Eure-et-Loir), 1597-1679.*

[2] Jehan Guignard le jeune, notaire royal à Chartres.

ne payajt pas sa taxe des décimes, et n'exerçait pas son ministère, ce fait ne pouvait pas lui être imputé à mal, attendu l'impossibilité matérielle où il se trouvait réduit, puisque l'église et le presbytère de son prieuré étaient dévastés et en partie détruits, et que, après diverses tentatives infructueuses par lui faites pour remplir ses fonctions, il y allait du péril de sa vie à persister dans cette résolution.

« Le vendredi vingt troisiesme jour de mars l'an mil V° soi-
» xante quatre [1].

« Furent présens honneste homme Jehan Lambert, recepveur
» des décimes du diocèse de Chartres, demt. audict Chartres,
» aaigé de quarante ans ou environ; Pierre Hezard, vigneron
» demt. à Sainct Cheron près Chartres, aaigé de trente ans ou
» environ, et Michelle Mythouard, veufve de feu Jacques Dum-
» pau, aaigéé de cinquante un an ou environ, demt. audict lieu,
» lesquelz et chacun d'eulx ont attesté pour véritté, rap-
» porté qu'ilz congnoissent l'église parrochial de Germynonville [2]
» près Viabon et avecq les pres-
» bitaires dudict Germynonville et son annexe, lesquelz sont de
» présent en ruyne et n'y a aucunes verrieres, ostelz et fonds,
» fors ung autel seul qui est en l'église dudict St. Léonard, ne
» sçavent s'il est benist ou nom : lesquelles églises ladicte
» veufve Dumpau a dict avoir esté vollers et pillers pendant
» le temps des troubles, le dict bien sçavoir pour l'avoir veu
» parce qu'elle demeuroyt lors audict Germynonville. Dient
» aussi lesditz attestans qu'il n'y a en icelluy lieu de Germy-
» nonville aucun lieu de sur accès pour le prieuré de ladicte
» paroisse, ny pour aultres gens d'église voullant vivre selon
» leur ordre, ainsi qu'ilz ont entendu dire à plusieurs gens de

---

[1] 1565, nouveau style. Nous avons cru devoir laisser subsister l'orthographe capricieuse de cette pièce authentique

[2] *Germignonville*. Commune du canton de Voves (Eure-et-Loir). L'église est désignée dès le IX° siècle dans les titres de l'abbaye de Saint-Père-en-Vallée. Germignonville était un prieuré-cure dépendant de cette abbaye, et l'église Saint-Léonard, dont il est aussi fait mention, était son annexe. (*Cart. de l'abbaye de Saint-Père*, t. II, p. 28, 29, 52 et 823. — *Pouillé du diocèse de Chartres*, 1738, p. 40 et 54.

Une grande portion de territoire, qui comprenait les anciennes paroisses de Viabon, Germignonville, Fontenay-sur-Conie, Guillonville et Varize, formait à la fin du XVI° siècle le centre du nouveau culte protestant dans cette contrée, qui tend chaque jour à disparaître.

» bien dudict Germynonville, et que ledict curé ne pourroyt
» demourer en iceulx presbitaires parce qu'ilz sont ruynez : ilz
» ont entendu dire que en la maison du prieuré dudict Germy-
» nonville on y faict ordinairement le presche [1], et aussy ouy
» dire à plusieurs des paroissiens d'icelui lieu qu'ilz ne voulloient
» et n'avoient que faire de curé. Dict oultre ledict Hezard que
» le huictiesme jour d'apvril V^c soixante deux avant Pasques, il
» alla à la prière et requeste de frère Robar de la Boussardière,
» prebstre relligieux profex de l'abbaye de Sainct Cheron près
» Chartres et curé dudict Germynonville, audict lieu de Ger-
» mynonville, auquel lieu il parla à ung nommé monsieur de
» Courcy et se informa de luy si icellui de la Boussardière
» pourroyt aller a seureté audict lieu de Germynonville pour
» là y cellebrer le jour de Pasques qui estoit instant et aultres
» jours le divin service, et aussi pour administrer aux pa-
» roissiens d'icelle, le sainct Sacrement de l'hostel, lequel luy
» faisant responce que non, et ne conseillyer audict de la
» Boussardière de y aller, parce qu'il avoyt entendu que au-
» cuns des gentilshommes dudict Germynonville appellez hu-
» guenotz le menassoient à thuer et tailler en pièces s'ilz le
» rencontroient audict lieu. Encores que le samedi penultyème
» octobre mil V^c lxiij, il fut avecq icelluy de la Boussardière
» audict lieu de Germynonville, où icelluy de la Boussardière
» estoyt allé pour le deu de sa charge célébrer le divin service
» ledict jour de Toussainctz et le lendemain feste des Mors. Et
» que le dimanche dernier jour dudict moys d'octobre il veid
» icelluy de la Boussardière estant au cymetière de ladicte
» église de S^t. Léonard quy regardoit faire une fosse pour
» enterrer ung enffent d'une nommée La Gillebaude quy estoyt
» déceddé, ung nommé monsieur Marcq, soy disant seigneur
» dudict Germynonville, accompaigné d'un homme duquel il ne
» sçait le nom, survint audict cymetière, lequel dist audict de
» la Boussardière ses parolles ou semblables : Qu'en sa, veulx
» tu tousjours abuser de venir dire icy la messe; va t'an, si je
» te y trouve plus, je te feray mectre en terre comme celluy
» pour lequel on faict cette fosse; et bailla lors de la main sur la
» joue d'icelluy de la Boussardière. Dict aussi ladicte veufve

---

[1] Le premier temple protestant fut ouvert à Paris en 1555 seulement, mais en l'année 1561 l'on en comptait en France plus de deux mille.

» Dumpau que demeurant audict lieu de Germynonville elle a
» veu par plusieurs foys que ledict sieur Marcq a demandé
» audict de la Boussardière, ses parolles ou semblables : Pour-
» quoy viens tu icy abuser de dire la messe, et que si je vous
» y retrouve plus, je vous mectray par quartiers; et ce moc-
» quant de luy, luy disoit ces parolles ou semblables : Qu'en ça,
» compte sy tu veulx demeurer avecq nous tu seras le bien
» venu et auras tous tes droitz, mais tu ne diras la messe, et
» nous serviras seullement de prédicant. Dient bien sçavoir
» lesditz attestans les choses susdictes, pour les avoir veues,
» oyes et entendues. Donct ledict de la Boussardière à ce présent
» a requis acte, auquel étoient présens René de la Porte et
» Jacques Lambert, praticiens, demeurans à Chartres, tes-
» moings, lesquelz et Lambert attestant ci-dessus ditz ont signé
» en la mynutte de ces présentes suyvant l'ordonnance, après
» que lesditz Hezard et veufve Dumpau ont déclaré ne sçavoir
» escripre ne signer.

» DELAPORTE, LAMBERT, J. LAMBERT,
J. GUIGNARD. »

Pour venir corroborer les faits contenus dans cet acte, voici le récit que notre naïf historien chartrain Duparc, auteur contemporain, fait à l'année 1568 [1], fol. 134, v° : « Les héré-
» ticques rebelles à Dieu et au Roy, après avoir ruiné une
» partie des meilleures villes du royaume, bruslé les villages,
» abbattus les églises, prophané le sanctuaire, desmoli les
» autelz, massacré les prebstres, (fruictz dignes d'une telle relli-
» gion que celle qu'on appelle réformée ou plustost difformée),
» voullantz encores ces furieux gens ruiner et anichiller ce
» qu'il restoit en France de plus sainct et impollu, sçavoir
» ce dévocieux et excellent temple de l'église Nostre Dame de
» Chartres, terreur et espouventement des héréticques ennemis
» de Dieu et de son église.... »

Nous croyons devoir compléter cette esquisse historique des collisions religieuses qui ont affligé le XVIe siècle, en faisant connaître un acte de l'état civil rédigé à Chartres en 1579, pour le baptême de l'enfant d'un huguenot.

[1] Manuscrit de la Bibliothèque de Chartres.

EXTRAIT DES REGISTRES DE LA PAROISSE SAINTE-FOY
DE CHARTRES.

1579. Janvier. — *Le 10e jour a esté baptisé Josias, filz de Martin Chostereau, huguenot hérétique, qui ne voulloit que son filz fust baptisé à l'église romaine chatollique et appostolique, et le voulloit qu'il fust porté au parc, où se tient la damnable presche, et Anne Hostot, femme de bien et honneur. Ces parrains sont Richard Chostereau, père dudit hérétique, avec l'ayde de sa femme ont desrobbé ledit enfant pour le faire baptiser, et Guillaume Haymon, et Anne Souldart, veufve de deffunct Pierre Guerin.*

Signé : BAZIRE,
Vicaire de Ste-Foy pour M^{tre} Claude Duhan, curé.

www.ingramcontent.com/pod-product-compliance
Lightning Source LLC
LaVergne TN
LVHW020052090426
835510LV00040B/1670